誰叫你讀博碩士！

前言

台灣報考研究所人數每年突破十萬大關！

這真是一個高學歷的時代！

根據一項調查，二〇〇四年在台灣報考研究所的總人次，已經突破了十萬大關，幾乎等於每年大學畢業的總人數。

儘管考生重複報考難免造成灌水，因此總人次不等於總人數，但是這個數字透露的訊息仍然無比明確：覺得大學文憑不夠，而且還把擔憂付諸實際行動的學生，每年都有幾萬人；如果把有同樣擔憂、但卻沒報考研究所的人也一起算進去，實際人數絕對倍增。

不知道大家有沒有想過，到底有多少比例的人覺得大學文憑不夠呢？

答案是百分之九十。

每十個人當中，就有九個人覺得只有大學文憑不夠，他們都想過要考研究所，為的是擁有碩士學位。雖然這個想法最後未必實現，但是多項調查都驗證了這個趨勢：繼續升學是最多大學生的第一志願。

甚至考上研究所也不夠，調查顯示，有些已經踏入職場的人認為，如果實在無法獲得博士學位，最少也要有兩個碩士學位。

顯而易見，台灣已經逐漸步入一個以碩士學歷為基礎的社會。

這個高學歷風潮的出現，自然有其歷史背景。一方面，台灣的文憑主義由來已久，許多學生從小就被灌輸要持續追求文憑的觀念；另一方面，在政府廣設大學的教育政策之下，台灣的大學校院已經突破一百六十所，甚至出現大學新生錄取率超過百分之一百的驚人新聞。在這種情況之下，現在將要踏出校園的社會新鮮人，如果手中只有一張大學文憑，大概就相當於十幾年前的高中畢業，或是二十幾年前的國中畢業。

廣設大學之後，原本的大學窄門並沒有真正消失，只是悄悄升級。現在的學生在進入大學，念完四年之後，必須面對的是研究所窄門。

為了跨越研究所窄門，許多值得思考的現象陸續出現。例如教育部的統計數據顯示，選擇延畢已經成為準備升學考試的普遍化現象，不再是過去那種無法畢業的結果。

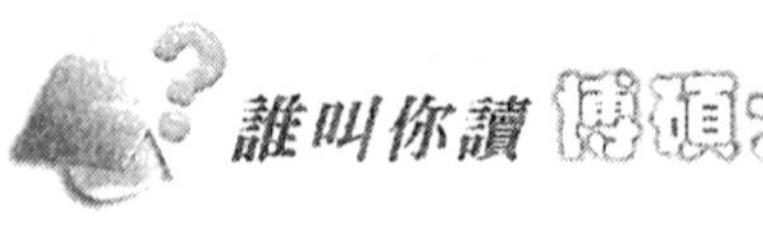

在二〇〇〇年，每一百名大學應屆畢業生中就有十一人選擇延畢，而且延畢的總人數比一九九九年增加了三千多人，這個數字每年都飛快成長。數據顯示，居然有高達八成的大學生會為了沒有考上研究所而考慮要不要延畢。

在高學歷社會到來的衝擊下，許多人報考研究所的原因不再單純只是研究學問，而是希望取得更好的工作。學歷提高，不只就業機會增加，期望的薪水也會增加。數據顯示：多數大學生希望起薪能有三萬元，碩士生則希望起薪能有四萬元。當然，這只是主觀期望，實際獲得的薪水會依據個別情況而有不同。為了達成提高學歷的目的，多數大學生準備研究所的時間提前，而且超過一半會前往補習班報到，甚至為了將來找工作方便，有三成的大學生在報考研究所時選擇跨組，希望進入不同領域多多學習。

問題是，發現高學歷時代到來，並且想要報考碩士班或博士班還不夠。一來可能因為欠缺仔細規畫而選錯了應該報考的研究所；二來就算順利進入了研究所，仍可能不知道怎麼事半功倍的規畫研究所生涯。事實上，很多碩、博士班的研究生確實不知道應該怎麼面對研究所生活。為了解決這個問題，才有這本書的誕生。

什麼人應該看這本書？包括想考研究所的大學生、剛剛考上研究所的幸運新鮮人、正要撰寫論文的研究生、想要報考博士班的碩士生、甚至是已經在讀博士班的研究生，都應該看看這本書。

這本書邀請到七大類十三位「五年級」的年輕博士，年齡從「五年〇班」到「五年九班」，涵蓋領域包括了大學科系分組的一、二、三、四類組，其中有幾位是「跨組」，有幾位是從技職體系的專科學校畢業但照樣圓夢。他們來自於台灣的北、中、南各地，留學地點從本土、英國、美國乃至於中國大陸，陣容堪稱一時之選。

書中的「五年級」博士們，有些人的求學之途一路順遂，有些人曾經留級、休學或重考，但是目前成就各有精采，他們以身作則告訴了讀者：人生的道路總是無限寬廣。這些年輕博士有闖蕩商場的創業董事長或知名企業的總經理，有進入政府部門的台北市議員、國大代表與公務人員，還有幾位則是在大學裡服務的學務長、系主任、教授。他們各自貢獻了攻讀碩、博士的最新鮮、最正確策略，幫助讀者及早思考並規畫理想的研究所生活。

置身高學歷時代，到底要不要念研究所？出不出國？念什麼研究所？怎麼準備？需不需要補習或找留學代辦中心？進了研究所以後怎麼念書？怎麼去選擇研究所課程與指

導教授？怎麼決定碩、博士論文的題目？怎麼撰寫論文？甚至未來的人生如何規畫？只要有這些困惑之一，就應該立刻閱讀本書。所有寶典，盡在書裡。本書以深入淺出的流暢筆調，為讀者探討每一位高學歷過來人的寶貴經驗。

只要花一點時間看完這本書，可以馬上知道怎麼享受有計畫的研究所生活，從而避免多走不必要的冤枉路。以一小時的閱讀，節省下兩、三年的虛度，書之為用，善莫大焉！

前言 台灣報考研究所人數每年突破十萬大關！

目次

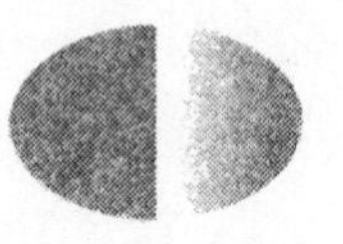

CONTENTS

第一章

第一類組的高學歷策略

整合法律與政治負笈英國

王冠雄博士的思考

王冠雄博士小

最高學歷　英國布里斯托大學法律系哲學博士

現　　職　國立台灣海洋大學海洋法律所副教授

中國國際法學會副秘書長

中國國際法與國際事務年報中文版及英文版編輯

主要經歷　國立中山大學中山學術研究中心博士後研究員

中國文化大學學務長

中國文化大學政治系副教授

中國文化大學政治系助理教授

身穿博士袍的王冠雄。

很多大學生考慮未來要報考什麼研究所時，通常不外乎兩種非常極端的模式：一種模式是選擇繼續研讀自己大學時所念的科系，如土木系畢業就報考土木研究所，企管系畢業就報考企管研究所或商學研究所，反正在系所之間就算不是直接相關，也是高度相關，因為這樣就不必額外準備考試科目，只要複習自己大學所學的課程就行，簡單又有把握；另一種模式則剛好相反，直接脫離原先科系的範圍，改考其他全不相干的研究所。由於工程浩大，準備困難，一般來講，除非對於自己大學科系已經徹底不感興趣、但偏偏又想繼續進修的大學生，才會有決心這麼做。

然而，會不會有第三條路呢？畢竟如果大學與研究所所學全不相關，可能大學的四年就虛度了，白白浪費掉可觀的教育資源與過去培養而得的技能；另一方面，在這個競爭越來越激烈的社會裡，如果大學與研究所念的是同一門學問，那麼只是對於本科系的繼續深造，卻欠缺了知識的廣度與整合不同學科的能力。更何況，處於今日社會，如果只具有單一能力可能很容易遭到淘汰；反之，具有多方面專業，必然會比其他人更具有生存的能力。在前面的兩種極端之間，其實有一個折衷選項，就是擁有可以相互結合、相互輔助的兩項或多項專業能力。

從這個角度思考，適度跨學科或許是報考研究所的理想策略之一，因為藉由報考與大學科系相關卻又不完全相同的研究所，不只可以同時增加自己在知識上的深度與廣度，也符合目前學術界對於「科際整合」的期盼。

在各種跨學科的成功案例當中，王冠雄選擇將政治與法律進行結合，就是一次非常值得學習的成功經驗。

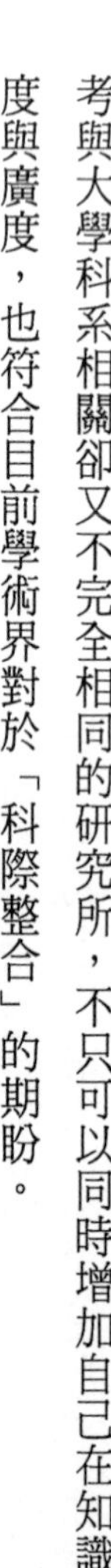

選擇可發揮整合效果的研究所

外型溫文儒雅、富書卷氣的王冠雄，渾身都散發著讀書有成而形諸於外的學者氣質，雖然在學術界屬於年輕一代的「五年級生」，不過認真治學的他，在學術研究上已經有了許多成果，因此在一九九七年榮獲博士、學成歸國之後，很快就升等為副教授，隨即又出任中國文化大學的學務長，成為國內綜合大學中數一數二的年輕學務長。

王冠雄在大學與研究所讀的都是政治學，畢業之後先工作了一段時間，有機會接觸到許多政治與法律事務，深深感到法律與政治其實是相輔相成的學科，彼此互為表裡，這正是所謂的「法政不分家」，因此他決定在研究所階段的學習要以法律學為目標，以便將原本學習的政治學與相關的法律學加以整合，讓兩者可以有一個最完美的結合。

王冠雄在學術研究上的兩項專長，一是國際公法，二是國際關係，這兩者之間有許多重疊的部分。他分析指出，數百年來，國家與國家之間的互動都依賴使節往來。使節代表本國到其他國家表示友好或敵對之意，就形成了國際關係。一段時間後，兩國往來漸漸密切，國家與國家之間就必然會透過簽署條約或制訂共同規範來定義彼此在互動上的權利與義務，而這些條約或規範就形成了國際公法。王冠雄說，從這些發展看起來，法律與政治當然是互為表裡的兩套學問，試想，如果只具有單一專長，遇到法律與政治高度重疊的事務時怎麼去處理？

其實這個道理在其他學科也同樣適用，以現今熱門的傳播業來說，新聞傳播科系畢業的學生，可能只知道大眾傳播與新聞採訪相關知識，但這畢竟只是個工具，假如進了報社工作，需要去跑立法院的路線，就會需要一些政治學的知識，例如什麼是立法流程的一讀、二讀、三讀？什麼是預算案、條約案、法律案？這些在新聞系的課程裡不會學到，卻是工作所需，而這些都可以在政治系裡學到。如果從傳播科系畢業後到電視台新聞部工作，主跑財經新聞，那麼對於升值、貶值、通貨膨脹等相關知識就不可不知，而這些可以在經濟系裡學到。假設負責採訪的路線是市政建設，關於都市計畫、道路規畫、民眾索賠等知識則可在公行系或市政系裡學到。因此，在爭取記者工作時，一個經過大學與研究所之後具有兩種以上學科訓練的新鮮人，當然會比大學與研究所都念同一種學科的對手更有競爭力。

不只實務工作如此，即使在學術工作上，整合也有必要，目前各個學術領域，舉凡政治學、傳播學、企管學、社會學等，都在進行相互整合，而經濟學也是最常被應用在其他領域的一門學問。

王冠雄指出，有意報考研究所的考生應該多思考，將不同於本科系的學門列入選擇範圍，這樣才能在另外一個領域培養自己的第二專長，並將第二專長與第一專長做完美的結合。

結合個人興趣與社會需求

如果有意在研究所時採取整合策略，在眾多研究所選項當中，首先應該結合的是個人興趣。王冠雄認為這就像是找尋第二專長，如果自己對於這個領域裡的事務不感興趣，將來又如何去解決問題、克服困難呢？又怎麼去探究更為廣闊的知識、怎麼去專研更深一層的學問呢？他說，或許很多人並不知道自己的興趣是什麼，但興趣是可以培養的，因此應當「強迫」自己去找尋出自己的興趣。

找尋的方法之一，按照王冠雄的建議，可以透過不斷學習去確認自己的興趣。一開始可能會感到無趣，但當努力過後，就會發現這是一個很有趣的過程。

在思考報考研究所的過程中，除了要有興趣在背後支撐，還可以考慮第二項因素：社會需求。從趨勢去觀察、思考將來這個社會需要什麼樣的人才，以及什麼樣的工作是將來這個社會所短缺的，因為短缺常常都是熱門的原因。王冠雄建議想考研究所的學子，可以先對將來的工作環境做一個客觀評估，再朝這個方向去找尋自己的第二專長，如此一來，一定會發現原來興趣、求學與工作，可以有非常完美的結合。做到這一點，能力自然就比其他人更有優勢，在這多元化、競爭激烈的環境中，也會有更多籌碼去開創前程。

準備研究所時，台灣的大學生通常不管報考什麼研究所，都會透過補習來研讀考試科目。對這種時下十分流行的方式，王冠雄明確表達了不認同的態度。他說，大多數去補習考上研究所的學子，往往具有考試的能力，但卻在過程中喪失了讀書的樂趣及做研究的興趣。王冠雄強調，研究所是給想要在學術研究方面有所精進的學子攻讀的，而不是給只想要得到學歷的人搶奪文憑的地方。研究所的課程訓練，主要是培養研究生的研究能力，因此研究生首先必須要有好奇心、有熱忱、還要有求知欲，並且願意去學習、吸收，把學校裡所教的或者是書本裡所讀到的知識加以創新。

已在學校指導多位碩士班學生的王冠雄提到，大學教授時常會碰到研究生跑來問他們：「老師，我的論文題目要寫什麼才好呢？」他覺得這是一個很奇怪的現象，因為論文題目應該是研究生發現自己對於什麼問題感到有興趣，想要做更進一步的探討而發展出來的，但現在的研究生卻反其道而行，不知道自己對什麼問題感到有興趣，而且還希望別人提供論文題目，這證明了有些人雖然可以通過碩士班的入學考試，但思想上卻不太適合做研究。

至於不依賴補習班，自己準備研究所考試的方法，王冠雄說，首先必須先決定自己對於哪個領域有繼續深造的興趣，先確認了科系之後再去查看哪個學校有這個科系，並向相關領域的老師請教在這領域裡哪個學校才是頂尖的，並且去探聽哪個老師有可能成為命題老師，蒐集這位老師的上課筆記、考試風格、專業領域等等資訊，抓住他的教學特色去攻讀，這樣才會達到事半功倍的效果。

不要把自己的未來交給代辦中心

提及出國留學，很多人都會找代辦中心，不過王冠雄建議最好不要。他說，一個有心追求高等教育的知識份子，怎能將自己的未來交到一個與你毫不相干的人手上？自己的未來當然要由自己決定，特別是校系的選擇上，他建議學子在申請時首先要遵守選系不選校的原則，當然在這中間必須花上一點時間去做點功課。王冠雄說，國人常常以為名校就好，但一所名校並非所有科系都是最好的，因此千萬不要太執著於既有名校的盛名，而是要自己深入去了解。

至於代辦中心，由於是服務業，因此在拿了費用後，就有義務一定要幫忙找到一所學校，為了保證有學校可讀，代辦中心除了會幫忙申請幾所好學校，像是美國的哈佛、耶魯等知名大學以外，一定也會列入一些不好的大學，甚至還可能出現「野雞大學」，以確保不會有無校可讀的失誤。依照這種模式所找到的校系，只怕不一定理想。

現今網路資訊發達，王冠雄建議可先上網針對目標系所去搜尋各校的排名，並從網路上得知每所學校的師資、圖書館設備、硬體設施等等是否完善；除了上網，也可以向學校相關領域的老師請教；須特別注意的是，如果想要到美國留學，應當向曾在美國留學過的老師請教，而不是請教留學其他國家的老師，最好還能直接向曾經在該所學校留學過的老師請教；反之，如果是想留學歐洲或其他地方的大學，那麼留美回來的老師就不一定幫得上忙，因為各國的教育制度都不太一樣，甚至同一個國家裡的不同大學在入學制度方面也可能大有差異，沒去過就很難真正熟悉。向老師請教的好處是，因為這些前輩親身經歷過那個階段，對於中間的環節有一定的認知，可以給新手相當大的幫助。

很多學生常常在申請學校時，掙扎著是不是要力求完美、非好學校好科系不讀，還是只要有學校就好。王冠雄以過來人的經驗說，其實常常都會聽到一些學生認為自己能力不夠，可能無法進入最好的學校，所以寧願委曲求全，進入一些名不見經傳的學校，只要有文憑就好。他強調，既然決定出國念書，不只要抱持著獲取學位的心態，還要勉勵自己拿一個有價值的學位。畢竟同樣是花了這麼多金錢、這麼多時間，如果拿回來的學位不夠好，甚至是會讓人嗤之以鼻的「野雞大學」，這樣的結果值得去爭取嗎？

王冠雄常常鼓勵學生：人應該把目標設高，往更高的地方去挑戰，而不是先自我設限、自我放棄。他邊說邊比著手勢強調：「固然將目標設高，在實際執行上會碰到某些困難，但也就是因為這些困境讓我們接受歷練、也讓我們成長。一帆風順的人生沒有什麼值得我們去羨慕的，大風大浪的人生也沒有什麼讓我們退怯的。因為否定了自己的能力而畫地自限，終將無法激發出自己的潛能。」

在校系的選擇上，王冠雄還提出一個十分有創意又可行的建議。他說，其實可以先決定指導老師，再決定校系。當然，目前實際上並沒有這種制度，但他認為機會可以自己爭取與創造。方法很簡單，「一旦有心深造，那麼當你閱讀了自己所喜歡領域中的某一本教科書或某一篇學術論文之後，如果心生崇敬與仰慕之情，不妨去查探一下這位老師目前在什麼學校的什麼科系任教，然後寫封信過去，與他討論問題或是交換意見，等到認識了一段時間後，再寫封信給這位老師，表達想要申請他任教的校系並希望請他擔任指導教授的意願。只要與這位老師的書信往來都有不錯的表現，當事人必定會對你留下深刻的好印象，到時學校開會決定是否接受新生的申請時，由於有了有力奧援，錄取的機會就可說是十拿九穩了。」王冠雄補充說，其實在指導教授的選擇上，不一定要去找大師級的學者，因為與大師學習固然可以給自己很大的幫助，但大師級人物因為社會地位高，往往十分忙碌，而沒有很多時間可以解決研究生的問題；反之，如果選擇比較年輕的學者擔任自己的指導教授，有問題想要與他討論請教隨時都可以找得到人，或許這樣的收穫會更大一些。

在英國讀博士不必上課！

相對於國人出國留學總偏愛美國，王冠雄卻選擇了歐洲，在英國知名的布里斯托大學（University of Bristol）法律系取得哲學博士學位。選擇英國，其實有跡可循，事實上，英國不只是十九世紀稱霸全球的世界強權，即使到了今日，依舊是海上一霸，因此可以說是有心研究國際法者的理想環境。基於追求最好的校系，對於國際法特別有興趣的王冠雄不願盲目追趕赴美留學的流行風氣，他經過評估之後選擇到英國留學。

關於留學英國，很多學生最好奇的都是費用問題。一般來說，英國大學大都是公立學校，國家固定會撥款補助，所以相較來說，英國各所學校之間的學費差距並不會很大，主要的費用差距在生活費，越是大都市，生活費當然越高，包括伙食費、交通費等都非常昂貴，甚至嚇人，不過如果吃的方面可以自己動手烹煮，就可省下不少錢，因此實際的費用，還是要視學校所在地與實際情況來加以衡量。

比較來看，英國學費便宜但生活費卻昂貴，不過這也要看比較對象，如果比較對象是美國東部或東北部的大城市，例如紐約、波士頓等，則當地的生活費比起英國並不會比較便宜，如果比較對象是美國的小城市，當然就會比英國便宜許多。

除非熟悉英國教育制度的人，否則可能不會知道，到英國留學的學習過程，比起台灣或是美國都很不一樣。最讓人感到窩心的是，在英國，一個學生會有兩位老師，一個是學術方面的老師，專門指導研究生的論文，告訴研究生什麼時候應該要念什麼書，什麼時候需要與老師討論等等；另外一個則是生活指導教授，專門關心研究生在生活上所碰到的問題，像是宿舍方面的事情、天氣及語文適應的情況等等。這種貼心設計，展現出英國悠久歷史影響下的文化風格。這個雙師制度在英國由來已久，甚至在大學部就有這樣的制度。由於碩士班研究生差不多兩年就可以畢業，因此與生活指導老師的接觸沒有那麼密切，如果是修業年限比較久的博士班研究生，通常感受被關心的程度會高許多。從這些安排也可以看出來，英國的學風較為主動，因此研究生若自認為屬於被動一族，可能需要改變一下。

在英國攻讀博士還有一個有別於台灣與美國的特色，就是博士班研究生不需要修學分，也不需要上課，純粹就是去完成一篇論文！

不必上課的博士班聽起來似乎不錯，親自走過這段不必上課歲月的王冠雄特別澄清：或許很多人會認為這樣的學習好像比較容易就可拿到學位，但實際上反而是比較困難的，因為研究生可能會不知道從何處下手。比較起來，在台灣或美國是經由老師上課、指定閱讀教材，藉由循循善誘的修課過程讓研究生的學術論文有一個依循根據，這種方式有利於協助研究生思考學位論文的方向；很多學校還規定，研究生要先修完課程才可以取得博士候選人的資格，接著動手準備論文，博士論文通過之後才能獲得學位。

相對台灣與美國的方式，到英國念博士幾乎是一入學就要開始著手準備論文，很多研究生「受寵若驚」之餘卻不知道要如何準備。

王冠雄建議想去英國留學的人最好自己心中先有一個大方向，知道自己想要研究的是哪方面的問題，清楚之後主動去告訴指導教授，這樣才能與指導教授發展出良性的互動。在英國念博士過程中還有一個現象相當有趣，就是儘管博士論文的大方向已經確定了，但論文題目卻經常會一直琢磨改變，這與台灣或美國的方式非常不同，不過只要知道這是常態就不必太擔心，應該要擔心的反而是內容能否合乎邏輯。王冠雄透露，他的博士論文題目真正確定下來，居然是在繳交論文定稿的前一個月！

關於博士論文題目的思考方向，很多學生都不清楚：其實一篇學術論文的題目就是一個問題，而題目的產生則是研究生平日閱讀資料所發現的問題，閱讀與題目是互為因果的結合，讀了越多資料就會發現越多的問題，也是因為去思考了這個問題，才會知道接下來還要讀些什麼書。當然，不是什麼問題都可以當成題目，研究生必須去思考題目的「問題意識」，亦即這個問題是否有什麼意識存在？是否值得深入探討？而不是先有了答案，再將題目結合以完成此篇論文。

研究生容易犯的錯誤

在撰寫論文時，研究生最容易犯的錯誤是寫入論文的內容不符合主題。王冠雄擔任指導教授後發現，許多研究生在撰寫論文時，常會發現某個部分很有意思，就想要進一步發展出來，但這些內容卻與整篇論文的主題不相符合，這時就要倚賴指導教授提出修正建議。指導教授對論文的修改，好比論文是一棵樹，指導教授則是園丁，如果園丁認為樹應該這樣長，可是在旁邊卻長出了一個不需要的枝芽來，園丁就有責任剪掉那累贅的部分，因此多與指導教授緊密互動才能確保論文的品質。

一篇論文的完成必須事先擬定時間表，依照預計完成日對時間做一個良好分配，並且預留一點彈性空間。在資料的搜尋上，以前網際網路還沒發達時，必須到圖書館找到實際資料。現在使用網際網路上網搜尋就可找到許多資料，不過這也有個大麻煩，就是資料太多造成整理不易，研究生也會在消化上產生困難，而且常常找到許多資料看過才知道是無用的，這時就必須善用網路的搜尋技巧去過濾掉一些沒用的資訊。

想到找尋資料的辛苦，有研究生可能會想：有沒有搜尋資料的方便捷徑呢？指導研究生一向認真嚴謹的王冠雄面露微笑說：「當然沒有捷徑，研究生自己必須一步一腳印去尋找與消化，這個時候最笨的方法就是最好的辦法，所以下工夫去找才是上上之策；而且在找的過程當中，你會閱讀到許多相關知識，或許不能寫進你的論文當中，但是卻可以啟發出你其他的想法，給你不同的面向、不同的觀點，這些資料對論文的幫助也是非常大的。」

王冠雄指出，如果真要說有什麼搜尋資料的有效方法，就是尋求指導教授的意見。因為指導教授在學術圈研究已久，能夠以過來人的身分告訴研究生應該讀什麼書，到什麼地方去搜尋資料，所以研究生在與指導教授互動過程中可以得到許多有用的資訊，也可以避免多走冤枉路，使論文的撰寫更為流暢。

雖然在英國攻讀博士不必上課，不過仍有一定修業期限，通常在英國攻讀博士學位最少三年，最多八年，如果在八年期限內還無法取得口試委員的認可，就無法取得博士資格。在口試上，英國與其他國家大致一樣，研究生必須要接受口試委員的無情批評，然後拿出具體證據反駁他們的質問，因此絕對要表現出完完全全了解這篇論文，一些相關的知識都要熟悉，才能以各種角度去解答不同背景口試委員的提問。

給有意考研究所者的建議

曾經擔任學務長、負責輔導兩萬多名大學生的王冠雄認為，從長遠趨勢來看，各個學科與相關領域的結合是必然的發展，有意報考研究所的大學生應該根據自己的興趣，將大學與研究所的學習加以結合。他指出，各種領域的學習常常都能相輔相成，因此學生不可偏執地說，我只喜歡這個科系，其餘的我都不喜歡，因為這只會限制自身能力的發展。應該要認清身處當前的社會中，各領域都開始重組整合，如果還把自己侷限在一個小小的領域，不願去學習其他方面的知識，只會造成自己競爭力的喪失。

對於繼起爭取進入研究所窄門的眾多學子，本身已經成功結合了政治與法律兩門學科的王冠雄博士再度提出他的呼籲：「應該多多思考自己在其他方面的專長，勇於跨領域學習。因為有了更多彼此相關的專長，競爭力自然就會相對提高；但有一點必須特別注意，就是這些專長必須是真正專精，而非專而不精、似懂非懂，這樣才能相互融合，真正整合。」

留級生高考及格出國留學

莊伯仲博士的進取

莊伯仲博士

最高學歷　美國韋恩大學傳播博士

現　　職　中國文化大學新聞系助理教授
國立政治大學廣告系兼任助理教授
HOPENET 科技月刊「趨勢評析」專欄作者

主要經歷　台北市政府新聞處薦任科員
台北市政府公務人員訓練中心「網路時代的經營管理」講座
中國國民黨國家發展研究院「網路選戰」課程講座
Assistant Technician, Data Center, Wayne State University
中時電子報 Ctech 科技網站特約撰述

莊伯仲在空軍服役時官拜少尉。

漫畫家朋友眼中的莊伯仲。

在很多人心目中，能出國念博士的優秀青年似乎都是那種從小就一直品學兼優的好學生，不過看起來比實際年齡年輕一些、總是穿著一身輕便獵裝的留美博士莊伯仲，卻不屬於這種典型學生。很多人可能根本想像不到，來自於淳樸鄉下的莊伯仲，國中畢業時的第一志願竟是進入高工去念汽修科！

國中畢業第一志願是高工汽修科

來自彰化縣芬園鄉的莊伯仲，是一位道地的農家子弟，因為從小對敲敲打打、修理東西非常感興趣，高中聯考時，原本不想念普通高中而想報考職業學校，當時第一志願鎖定了彰化高工的汽車修護科，父母也都表態支持，但命運之神在這時為他關了這道門，卻開啟了另一扇窗。高職聯考陰錯陽差沒考好，分數大概只能上離家一小時車程的員林農工或永靖高工，上不了彰化高工；但高中聯考卻考上當地的第一志願彰化高中，因此他「被迫」改念高中，自此走上了另外一條路。

雖然考上高中，但莊伯仲的求學生涯並不順遂，反而時有挫折。

莊伯仲高一時的英文、數學成績都不好，經過兩次補考都沒通過而慘遭留級。在當時，高中被留級的情況少之又少，同年紀的親友中也沒有人被留級過。雖然高中聯考考上第一志願，但莊伯仲笑著說自己的功課底子其實很差，由於在鄉下讀小學，直到國一才知道英文字母有二十六個，而且進了高中後又不知道要好好用功。高一慘遭留級，卻因禍得福，因為在這多念的一年當中，莊伯仲好像忽然開了竅，很多原本不懂的學問，經過再次研讀就比較能通解了，自此求學一路順遂，沒再出過什麼大波折。

高二時，莊伯仲原本選擇以自然科學為主的第二類組，但高三時因為閱讀了許多閒書，接觸不少大眾傳播的相關事務，逐漸感覺這是個五光十色的有趣領域，因而產生了好奇與興趣。大學聯考時，莊伯仲的分數可以考上台大政治系，但他因為對大眾傳播相當感興趣，一心只想選讀相關科系。莊伯仲形容，這就如同過路人看玻璃櫥窗裡的模特兒時，只見到光鮮亮麗那一面的看熱鬧心態。他認為這應該是個很好玩的領域，因此不顧家人反對，毅然決然選填就讀政大廣告系。

大學修了一百七十個學分

那一年政大廣告系剛創立，社會上還有不少人認為廣告這玩意兒根本沒必要在大學裡成立一個學系。進入政大廣告系就讀不到一年，莊伯仲就感到有點後悔了，他告訴自己，如果有機會再重新選擇一次，應該不會走這條路。原因是廣告這行業不論企畫或創意，都得持續壓榨腦力，而且廣告人的工作節奏較快，這與莊伯仲本身隨遇而安的個性並不符合。雖然不太想繼續念廣告，卻又因為在校成績中等，因此沒有思考過轉系問題，還是完成了四年的廣告系學業。

在這四年中，因為廣告系的功課壓力還不算繁重，因此莊伯仲有較多時間可以投入自己喜歡的事。興趣廣泛的他，善於利用大學資源，加上修課不需要學分費，因此大量修讀法律、政治等外系的課程，甚至還選讀中文輔系。因此大學四年下來，他一共修了一百七十個學分，遠遠超過畢業所需的學分數，印象之中，好像也創了他班上的一項記錄。除此之外，他參加了許多課外活動，並擔任議事規則研習社的社長。

從高中一路走來的歷程，可以看出莊伯仲的人格特質是隨遇而安，不會特別強求，因此當年也沒有特別規畫未來要走哪一條路或什麼方向。莊伯仲笑稱：以興趣為例，在靜態方面他喜歡古典音樂、文學，還是個軍事迷；至於動態方面，則喜歡從事電玩、慢跑、棒球等活動，幾乎無所不愛。

廣泛的個人興趣也反映在他的學習之路上，莊伯仲的研究範疇不只跨越了廣告、新聞、傳播三個系所，主攻的專業領域也有變化，早些年還是以自己本行的廣告學為主，近幾年則逐漸走向量化的政治傳播與網路傳播研究。

準備有方——一舉擠進研究所窄門

由於對傳播實務工作的興趣只是普通而已，莊伯仲因而決定爭取繼續深造的機會，大學畢業後考上文大新聞所，攻讀碩士學位。在選擇報考研究所時，莊伯仲坦言：因為對於別的領域沒有把握，只好在傳播領域一搏。當年的傳播研究所只有政大新聞所、文大新聞所、輔大大傳所等寥寥三所，而當時一般報考學生都覺得這些系所的訓練大同小異，上課與考試科目也多半雷同。

當年的傳播研究所不像現在這麼多，因此很難考，例如文大新聞所大約有三百人報考，卻只錄取二十個。莊伯仲還記得當年的大學同學中，念研究所的比例並不高，大概只有四分之一左右，反觀今日，可能是因為學歷貶值與景氣不佳的結果，念研究所幾乎成了當代學生的全民運動。相較之下，現在一個班級應該一半以上同學都想要報考研究所。

幸運在應屆考上研究所的莊伯仲，其實大學的成績普普通通，成績單上的「戰績」平均只有七十幾分而已，能夠一舉擠進研究所窄門，主要應該是準備有方。他說當年準備應考的方式是搜集考古題與學長、姊的筆記講義，雖然那時坊間已經有了補習班，但他並沒有參加，因為當時補習班還不流行，而且自己畢竟是科班出身，也上過大多數出題老師的課，因此先入為主的觀念已經將上補習班視為「奇恥大辱」。儘管如此，考上之後有一次碰巧接觸到補習班提供的資料，一看之下才發現，其實補習班還是有自己獨特的一套。當時的資訊較為封閉，補習班搜集整理的考古題與筆記講義可說是集各家精華之大成，比起他本人向學長、姊中「筆記王子」、「筆記公主」借來的經典版本，仍是完備許多。

莊伯仲認為，雖然現在為了考研究所而補習已成為一種流行趨勢，但仔細分析不難發現，以目前資訊的發達，網際網路的普及，使得考古題取得相當容易，而且補習人數日益增多，過去那種可從補習班學得一些「撇步」而贏過別人的優勢已經沒有想像中大。補習對於考研究所有沒有幫助，應該因人而異。客觀來看，補習班的最大幫助只在搜集資料與解說教材，如果學生主動積極，大可自行蒐羅研讀，不需要花冤枉錢去補習；反之，對於被動消極者，補習則有一定的幫助，因為補習班可以產生壓迫學習的鞭策效果。不過莊伯仲還是認為大學生其實不應該過分依賴補習班，他舉一個例子，曾經碰過有大四同學請假不去上學校的課，原因是補習班調課到同一時段，這其實是捨本逐末的做法，因為學校的授課教師很可能就是出題老師，雖然補習班老師會幫學生進行解題分析，但這些都是學生自己就可以做的，就算不懂，也寧可就近請教學校老師。

對於有心報考研究所的大學生，莊伯仲認為，最好提早一年做準備，不要臨時才抱佛腳。其實只要平常上課專心聽講，仔細閱讀課程教材，勤於整理筆記，而且了解命題方向與題型結構，並多多模擬考古題，這樣就可以遊刃有餘。為了了解出題類型與解題方法，資訊搜集很重要，因為各校趨勢大致有跡可循，不會忽然有大變化。他相信，有了這些準備，就可應付研究所入學考試了。

莊伯仲因為有意嘗試學術工作而報考研究所，但在大學快畢業時也曾考慮過就業問題。他說，當初如果沒考上研究所，進入社會以後還是想從事傳播界實務工作，雖然當時已經感覺到並不是很喜歡走這條路，但這畢竟是自己熟悉的領域，而且四年所學都是相關的專業知識，因此考慮的職業仍是新聞記者或廣告公司行政人員。

有不少大學生不喜歡自己所念的科系，甚至一廂情願以為只要拿到學士文憑，出社會以後做什麼工作都可以，不必受到原本科系的限制。莊伯仲分析指出，最理想的情況當然是先考慮自己的興趣，再選擇就讀科系，這樣才能將興趣、所學、與未來工作三者合而為一。不過如果已經入學就讀，又因念到高年級而來不及申請轉系，那麼即使所念科系不是自己最有興趣的領域，未來進入職場之後，除非自己創業或從事一些不需要專業知識的實務工作，不然，光在人事資料審查的第一關就可能過不了，因為現在的學士學歷很普遍，大學畢業生能與其他競爭對手一較長短的，主要還是自己所學的專業知識技能，這一點值得快要面臨畢業後工作壓力的大學生仔細想想。他舉例，曾有新聞系學生，因為確定未來不會從事新聞工作，因此不想依照課程規定去新聞媒體實習，希望系上同意；但經過系務會議討論後，還是否決了這項提議，原因之一是學生既然入學了，就應該配合學校所安排的完整專業訓練；原因之二就是老師都認為，如果學生在其他領域就職不順利而想轉業，到頭來仍有可能從事新聞工作，所以還是要安排他們磨練的機會，這樣對學生也好。他特別強調，同學應該要「擇你所愛，愛你所擇」，因為再熱門的科系也有人找不到工作，再冷門的科系也有人處處逢源。

生涯急轉彎——休學、當兵、考高考

考上碩士班前，莊伯仲已先錄取預官，他對從小到大不停扮演的學生身分感到有點厭倦，因此想要休息一下藉此沉澱思緒，加上認為該趁年輕「比較耐操」時早做決定，因此他辦了休學當兵去。

在高雄服役兩年期間，莊伯仲決定參加公務人員高等考試，也就是俗稱的「高考」。事實上，通過高考成為公務員並非他的生涯規畫，只是碰巧看到它的專業科目有三分之二與研究所入學考試一樣，已有足夠熱身，應有把握，他就報名考了高考的「新聞行政科」。

比較起來，現在因為經濟不景氣，不少人抱著不妨試試「鐵飯碗」的心態去考公務人員，根本沒有準備，造成報名人數激增，使錄取率變得非常低，甚至只有個位數；至於當年的高考雖然報名人數較少些，但因為競爭者較為精銳，大多有備而來，志在必得，因此要考取還是很難，當時錄取率大約是百分之十。

就這樣，靠著部隊操練餘暇時間，莊伯仲克服了當兵生活資訊封閉的障礙，一方面溫習以前準備研究所考試時的筆記，另一方面趁著休假跑去市區的書局買考古題，勤加演練，以了解高考出題的類型與趨勢，結果一舉上榜，順利錄取。「大概是因為我運氣好才能考上吧。」他笑著自謙。

不少男生對於當兵都感到頭痛，莊伯仲卻認為他服役的最大收穫並非考上高考，反而是待人接物上的成長。他自覺已盡了身為國民的義務，結果所得卻遠比付出多很多。

六月退伍後，莊伯仲先按照分發進入台北市政府新聞處從事出版品管理工作，九月學校開學，同時扮演公務員與研究生的角色，適應良好。他說，現在很多研究生打工打得過多，如果是為生活所迫還情有可原，但學生的正業畢竟還是念書，仍應以課業為重，真想工作，未來還有幾十年在等著你，不怕沒機會，反倒是以後可以專心念書的時間愈來愈少，應該好好把握。

大概是兩年的當兵歲月讓思緒得以沈澱，莊伯仲退伍後精力十足地重返學生身分，完全沒有受到任何影響。很多人認為軍中生活枯燥乏味，一定會出現「當兵呆三年」症狀，因此可能不適應繁重的研究所課業。不過對莊伯仲而言，當兵與公務員兩種歷練，反而讓他對久別重逢的校園生活有種既期待又興奮的感覺。

碩士班選課應與論文一起規畫

關於碩士班的課程，莊伯仲建議，在碩士班一、二年級時就該要有自己的讀書計畫。此外，包括指導教授的選擇、論文題目的決定，以及研修課程的安排等，都要做整體考慮。在台灣，碩士班的必修科目不少，因此除了按學校規定修課以外，選修課程應該盡量配合自己的論文需求，根據論文主題來對課程進行完整的配套。這樣一來，因為選修的都是與論文相關的課程，對於課堂學習與撰寫論文可產生相輔相成效果。比起大學部的照本宣科，碩士班的課程較為靈活，負擔也更重，上課時往往必須勤做筆記。不過莊伯仲提醒研究生，如果無法同時兼顧兩者，最好還是優先用心聽課，事後再根據錄音或回憶去整理筆記，畢竟這總是比較容易。但上課時若不聽老師講解就無法融會貫通，即使事後補救也不一定能達到預期效果。至於各科的期末報告最好也能用心企畫，物盡其用地與碩士論文做一整合，而非只是隨便找個題目寫寫，繳交打完分數就了事。例如：「傳播理論」的報告可能做為論文第二章文獻探討的架構，而「傳播研究方法」的報告則不妨拿來做為第三章研究方法的基礎。

這些寶貴經驗，有一部分是莊伯仲已經快念完研究所才體會出來，他自己都覺得有點為時已晚，如果早一些體會，一定對求學之路更有幫助，因此他特別以過來人身分分享這些經驗。他自我反省：課程安排最好能夠結合論文，並要依照研究生個人的興趣及能力，只不過當年他自己也沒有完全做到這一點，一來是領悟太晚，二來是當初有點偷懶，因此偏愛選擇自己比較有把握的學科。

碩士論文題目的選擇非常重要。已經轉換身分、開始指導碩士班學生撰寫論文的莊伯仲指出，決定論文題目第一要考量個人興趣、能力及資源。題目選對，能力可勝任，時間、金錢等資源可負荷，那麼論文就已經成功了一半。第二是循序漸進，學位論文不可能在短時間內完成，因此最好每天看一些也寫一些，日起有功，論文就會有所成就。第三則是論文題目要事先經過指導教授的核准，最好在題目選擇上與指導教授多多討論、密切磋商。平時應該與扮演良師益友角色的指導教授保持聯繫，保持師生間的良好互動關係，把教授當成論文顧問，有問題隨時諮詢請教，不要像有些研究生平時不見人影，直到最後關頭，才不得不硬著頭皮去找指導教授。

莊伯仲以自己為例說明：「我就是考量了自己的興趣、能力、資源之後，選擇以最愉快、最好動筆、能最快完成的題目來做我的論文題目。」他說，論文題目大多都是自己選定了一個範圍，再找指導教授商量，也有部分研究生的論文題目是由教授指定，這種情況未必不好，因為教授會衡量學生的狀況來幫他決定。針對傳播相關研究所的研究生，他建議在論文題目上可以多與社會趨勢結合，因為目前傳播領域發展百家爭鳴，媒體多、管制少，而且大眾對於傳媒的消費能力增強，這些都是值得研究的領域，如果研究生的論文方向能與實務發展結合，對於未來就業的幫助也會更大。

除了論文題目，莊伯仲也建議學生應同時構思要採用什麼研究方法，例如質化或量化等等。因為先搞懂要採取什麼研究方法，才能有助於選擇適合自己的論文題目。他指出，論文寫作最好採取自己較有能力掌握的研究方法，否則無異是挖坑讓自己往裡面跳，平添困擾而已。他開玩笑說，這就像一個棒球投手儘管會好幾種球路，但在面對強打者的緊要關頭，還是得使出最拿手的球路來剋敵致勝一樣。

選擇指導教授品質應重於名氣

在指導教授的選擇上，莊伯仲也有一番獨到見解。很多學生都迷信大師級教授的魅力，但大師級教授可能同時間指導許多學生，相對就一定會壓縮輔導每一個學

生的時間與心力。這就如同看病一樣，選擇名醫，往往先要掛號等個兩小時，而真正看病的時間卻只有五分鐘而已；如果到小診所看病，則可享受不必久等且又詳細的問診與檢查。因此，選擇指導教授應該重視指導品質，寧可選擇知名度或許不大，但在指導工作上可以確保一定品質的教授。當然，如果品質與名氣能夠兼具，那是再好不過了。

莊伯仲的碩士論文與博士論文指導教授都是自己選擇的，當時的考量是優先選擇能與自己有良好互動，而且其專長領域也能符合論文方向的老師。他認為指導教授如同顧問，都是開放式的輔導學生，不應該期望教授隨時告訴你怎麼寫論文，應該是一切自己動手，遇到問題再請教指導教授。他特別提醒研究生對於指導教授要注意應有的禮節，一些自己該做的工作都要先做到，老師自然樂於從旁指正。除了專業知識外，他感恩地推崇自己碩士論文指導教授鄭自隆與博士論文指導教授Larry D. Miller給他最大的幫助在於為人處世的態度，讓他知道高學歷的人更應該懂得誠懇和謙卑。

「如果一切順利，開始撰寫論文之前，還要多多參考『範本』。」莊伯仲提醒，可以找幾本寫得不錯的同類論文來看看，參考重點在於形式結構與內容鋪陳，有所心得後，自己再擬出撰寫計畫，動手執行。

留洋念博士的理由

捧起了許多人夢想追求的鐵飯碗，本身又是準碩士，看起來似乎已經很不錯了，不過莊伯仲仍有自己的一套想法。公務員工作雖然穩定，但不免過於呆板，與他的性向不符，因此一邊念研究所，一邊當公務員，辛苦了兩年，直到學業完成後，他就另謀出路了。

由於對學術研究開始產生興趣，莊伯仲在剛進研究所一年級就讀時，就已經考慮過出國念書的可能性，畢竟若想從事學術工作，博士學位是基本的資格門檻，因此繼續深造是別無選擇的必然目標，加上他也想利用機會到國外多走走、多看看，增廣人生見聞，因此決定出國留學，攻讀博士。

當年高考合格的薦任六等公務員的薪水連津貼，大約一個月將近四萬元。只要省吃儉用，以公務員的薪水來支付自己的學費與生活費仍然有餘，還可存點留學基金。由於方向早已清楚，獲得碩士學位後，莊伯仲毅然辭去台北市政府的工作，專心準備出國留學。接下來的一年，他一邊補習托福和GRE，一邊安排申請學校事宜。對於留學語文的考試，主張研究所升學不必補習的莊伯仲另有看法。他指出，坊間補習班的填鴨式教法有其效用，雖然不見得可以提升真正的英文實力，但可增加考生應試的經驗與能力，對於學習態度懶散、資訊亦不周全的人幫助尤其顯著。儘管如此，他還是強調，如果學生本身底子夠好、也夠勤快，即使不補習也能應付托福和GRE。

準備出國的那一年，莊伯仲仍然接了一些兼差工作，他笑稱自己是打雜工，包括到空大兼課以及當報社特約記者等，前者是預先體驗當老師的感覺，後者則是讓自己多一些新聞實務的經驗，各有意義。

莊伯仲指出，很多人認為碩士學歷只有求職時的加分功能而已，其實多少還是有助於未來工作。他說，研究所提供理論與研究方法等基礎訓練課程，不只可以為學術層面的研究工作打好基礎，就實務層面而言，也可提供更深刻的思考。以新聞記者為例，多念兩年研究所比起大學畢業就投入職場的人還是有所不同，並不是念了碩士一定比較厲害，而是因為接觸到較高深的學問，有較嚴謹的方法論訓練，至少在執行民意調查、分析政經局勢或進行專題採訪時較具優勢。因此念研究所可以讓自己的思考層次更為提升，不管對學術或實務工作都有幫助。

當然，學歷高不一定就等於能力好，而且學歷也不是越高越好，例如博士的訓練主要目的是從事學術研究，對從事實務工作者就比較沒有實質幫助。在文憑主義盛行的情況下，許多人以為「學歷等於實力」。其實各式文憑只代表求學生涯的不同里程碑，但台灣社會卻對博士存有錯誤的迷思。莊伯仲指出尊重高學歷者只是針對他的專業素養，學歷高並不代表一切，因此高學歷者不應自我膨脹，旁人也不宜過度看重。

莊伯仲認為，念碩、博士是不是真有必要，除了考量個人興趣外，最重要得從工作型態來判斷與決定。他半開玩笑說，如果現在可以重新選擇，那麼他大學可能要改念政治或法律，但如果念這兩個科系，他可能就未必會念到碩士或博士，因為法律系走實務路線，重視的是律師資格與接案績效，這時學歷未必重要。當然，如果要從事法理研究，還是必須深造下去。至於政治系也大同小異，如果走實務路線去當國會助理或參選從政，就不需要碩、博士學歷，但如果走的是政治研究的學術路線，還是得繼續求學。

申請國外博士班的方法

赴美留學，英文能力當然是基本門檻。一般比較好的學校都有要求托福和GRE或GMAT的成績，托福是測驗非英語系國家學生的英語能力，也是赴美留學一定要考的試。如果申請未來要從事學術研究的博士班，則學校通常還會要求申請者須具備有GRE或GMAT的成績，商科是要求GMAT，至於非商科大多要求GRE的成績。

除了補強英文能力，莊伯仲在準備出國留學那一年，也大量蒐集有意前往就讀學校的資訊。相對於許多台灣的準留學生凡事倚賴代辦中心，莊伯仲認為這其實是盲目的行為，原因有三：第一、自己都有心要出國念書了，怎麼可以連這些重要事項都假手他人？應該要自己勇於嘗試才對。第二、所謂的留學顧問往往只懂得基本申請程序，除非他本身的留學背景與你所欲申請的科系相同，這樣他才能真正了解這個專業領域，並提供實質的幫助。第三、代辦中心所推薦的校系不一定適合你。莊伯仲認為：「凡事豫則立，不豫則廢。」對於想出國念書的成年人來說，應該了解自己追求的目標，為自己的未來負責。因此面對任何挑戰都要事先準備，真有心追求高深的學術訓練，當然要自己決定，並且一切自己動手。遇到不懂的事可以多問、多看、多參考，請教有留學經歷的熱心老師或學長、姊不是更好嗎？

莊伯仲特別列出了三大蒐集留學資訊的方法，首先是到國內各大學的BBS留學版的菁華區去廣泛瀏覽；其次是拜訪全球資訊網上的中華民國留學資訊網站（http://www.saec.edu.tw/）；再來是請教出國留學過的師長與親友。透過這些管道蒐集來的國外留學資訊，可說都是前人「斑斑血淚」累積出來的，而且還是台灣前輩的親身經驗，更具有參考價值。

經過資料蒐集與分析，莊伯仲當時申請了六所學校，後來獲得兩所學校的入學許可，「中籤率」約為三成。經過仔細比較與考量後，莊伯仲選擇了給予他學費減免的韋恩州立大學（Wayne State University）傳播博士班。如今回首，他歸納自己的經驗與見聞，建議正想申請外國學校的同學可以用「波型模式」來操作，例如申請七所學校，其中三所是符合自己程度與能力的學校，二所是所謂的超級名校，另外兩所則是略差一點的學校，如此一來進可攻、退可守，可保萬全。

至於讀書計畫等申請資料，莊伯仲建議寧可找老師或學長、姊請教怎麼撰寫，或者是自己寫好中文以後找翻譯社翻譯，這樣的花費比較低廉，而且翻譯出來的英文也比較專業，這些都是比較妥善的方法，反觀許多留學生習慣倚賴留學代辦中心的制式作品，其實可能只是花錢買心安罷了。

很多學生覺得自傳與研究計畫很難寫，莊伯仲認為說穿了不外乎多參考，多比較，但就是不可以亂抄一通。經過廣泛參考範本之後，可以先了解這些文件的內容到底是怎麼一回事，格式又大致如何，然後準備一份草稿，再請教有相關留學經驗的熱心老師或親友就可以了。他舉例說，英文自傳有一定的基本格式，主要就是「隱惡揚善」。至於研究計畫，關乎未來的課程研讀與論文撰寫，應以自己興趣為主軸。撰寫時與寫博、碩士論文一樣，有三點考量：一為興趣，有興趣做學問才會快樂；二為能力，有能力才能勝任，三是資源，包括時間、金錢、人力，能盡快完成學位要求的最好。這三者缺一不可。特別是要了解所欲申請科系的研究方向與師資結構，設計一份「投其所好」的研究計畫，才能在眾多競爭者中脫穎而出，甚至爭取到獎學金。

莊伯仲也提醒有意出國的學子，最好能從自己較熟悉的領域下手，如果可以，更要與自己過去的實務經驗及未來的工作方向進行結合。如此一來，不僅做起功課得心應手，學位也能有其附加價值。

當然，出國留學最重要還是錢的問題。由於攻讀博士時間較長，不同於碩士通常只要一、兩年，因此讀博士的花費也是碩士的兩、三倍，甚至更多。當年莊伯仲自己準備了五十萬元的存款，再加上所申請到的學校給予學費半價的獎助優惠，光看這些，不了解美國留學費用的外行人可能會覺得已經足夠了，但事實卻是他才落腳美國一年，自己的存款就已經花光。這是因為美國生活費不便宜，學費更是昂貴，還好在這個時候申請到了國內知名的中山獎學金，再加上打工補貼，才算足夠。

為了張羅留學費用，莊伯仲通過了由美國Computing Technology Industry Association舉辦的專業檢定考試，獲得A+級電腦技師證照，並爭取到在學校資訊中心擔任維修技師的工作。由於他本來對電腦就很有興趣，加上後天的努力自修，因此電腦功力獲得青睞，當時資訊中心的主管甚至透露他是唯一非相關領域出身的工作人員。對於這項「殊榮」，莊伯仲感到一則以喜，一則以憂。喜的是自己無師自通的電腦能力得到了跨國肯定；憂的則是因為語言文化的差異，自己無法爭取到新聞傳播的本行工作，竟然得靠其他技能來賺取外快，還是有些感傷。

旅美攻讀博士的經驗分享

申請到學校，在離鄉背井前，還是需要多多準備。莊伯仲說，即將出國的留學生可以透過美國大學或當地政府的網站，先行了解當地的風土人文與食衣住行育樂等生活資訊，一定要善加利用網路這個迅速、方便、又經濟的工具來取得相關資訊，如此才可盡快適應國外生活，迅速進入學習狀況。除此之外，「在家靠父母，出外靠朋友」，他也建議要與當地的台灣同學會或台僑組織保持良好互動，對於他們為新生提供的接待服務，則要具應有的禮貌與敬意，例如可先準備禮物送給負責接機的學長、姊，不可視他們的付出為理所當然。

莊伯仲以自己為例指出，當時韋恩州立大學九月二日就要正式開學，但因考量到九月一日起才是台灣的旅遊淡季，機票會便宜許多，所以他九月一日才搭機出國。因為事先已做了充足準備，儘管對他來說，這是第一次踏出國門，也是第一次搭飛機，還要連轉三班，有著許多不可知的忐忑不安，但在初抵異地後的隔天上課，照樣銜接得上。

在國內學術圈擁有不少校友的美國韋恩州立大學位於密西根州的底特律市，那是一個汽車工業重鎮，開發甚早，環境普通，不過治安較差。莊伯仲提醒赴美留學的台灣學生，應該去自己該去的地方，不該去的地方則少去為妙。他說，底特律市區的治安比較不好，因此留學生應該搞清楚當地狀況，行為舉止要合宜，才能確保安全無虞；如果太大意，就算是去治安良好的地方留學，還是可能遇到不可知的意外狀況。畢竟天底下沒有那個地方是只有陽光、沒有黑暗！因此不論身在何處，都應該往陽光的方向走，避免置身黑暗，不要讓危險有機可趁。

莊伯仲在美國四年取得博士學位，他回憶：「剛去的前兩年真的非常痛苦，一直到了第三年才慢慢適應。可惜能夠完全掌握時已經快畢業了。」剛開始上課時他聽不懂，但強迫自己下課一定要發明問題去向教授請益，一方面是多一點學習機會，另一方面也讓教授與同學留下印象，不會把台灣人看扁。他印象最深刻是國外大學多會為碩、博士新生開設「Introduction to Master Study」與「Introduction to Doctoral Study」之類的必修導讀課程。這些教學生如何念研究所的課程，通常由多位教授聯合開設，內容不外乎修讀碩、博士的目地與方法、如何查詢學術資料庫，以及如何寫作學位論文。他感到受益良多，也覺得此點頗值國內大學取法。

經過幾年摸索，莊伯仲逐漸找到在美國念書的訣竅。目前已是大學助理教授的他指出，很多台灣學生分不清楚「學習英文」與「閱讀英文教科書」兩者之間的差別，他常常在課堂上告誡學生，千萬不要用學英文的方式來研讀英文教科書或聽英文講授的課程，因為這樣很容易讓文法或字彙阻礙你的學習興致。反之亦然，也不要冀望用英文教科書或英文講授的課程來學習英文，因為這樣學到的英文會比較淺白，不夠優雅。這項區別兩者的建議，除了對有意出國留學的學生具有重要參考價值，其實對於在國內的研究生也非常有幫助。

聊起英文，莊伯仲很客氣的表示，現在出去的留學生生活英文程度應該普遍都比當年留學生好，或許是全球化浪潮的影響，這幾年台灣的外語學習環境變好了不少，很多學生在台灣時就先接觸了許多外國電影或書籍，甚至補習了相關的語文課程。不過他也指出，當前多數台灣學生所學的都是一些較為浮面、粗淺的英文會話，因為缺乏人文素養以及專業知識的支持，常常造成深度不足的窘境。他也指出，現在學生的國際觀很不足，值得國人擔憂。所謂國際觀並非只是美國觀，全球化亦非英語化，而應該是多元價值的國際化，所以曾經出國留學，並不代表就能國際化，更何況許多學生只是去混文憑，並沒有真正融入當地生活與了解該國文化。莊伯仲有感而發的說，留學生有機會出外留學，除了一紙文憑外，更重要的是自己能否學到專業知識，並且充實人文素養。

撰寫論文的訣竅

在論文撰寫上，博士與碩士論文所需的時間大有差異。莊伯仲的碩士論文是在最後兩、三個月趕工完成，至於博士論文則是碩士論文的擴大，比較起來，博士論文要比碩士論文顯得質精量多，當然花費時間也更長，大約花去了半年時間。莊伯仲特別以媒體術語補充：「所謂半年的這段時間，指的只是『後製作業』部分，事實上，博士班的前幾年都可以說是在準備『前置作業』。」前置作業階段除了勤於吸收與消化上課精華，還可以多練習正式的學術論文撰寫，應該在念博士班的時候就開始嘗試投稿學術期刊。

許多人的學位論文寫了很久仍然無法完成，多半是因為下筆太過匆促，結果邊寫邊改。莊伯仲比喻這就和蓋房子同樣道理，沒有先畫好藍圖就匆促施工，結果一定會邊蓋邊打掉，花了很多時間才勉強完成，而且還亂七八糟。

莊伯仲強調，撰寫論文的前置作業不可輕忽，前置作業越周全，後製作業就越輕快。前置作業即搜集與檢視論文所需的文獻資料，寧可在此階段多花些時間準備，打好基礎與確立結構，如此後製作業的論文撰寫即可快速順利地完成，如同蓋房子般，畫好藍圖才能打好地基，再將層層樓房往上加蓋。不過，前置作業也該適可而止，資料夠用就好，太多反而礙手礙腳，輕則浪費太多時間，重則壓垮論文的進度。寫出博士論文初稿之後，為了確保寫作品質，不妨請博士班的美籍同學幫忙進行文法校對與用字潤飾，因為留學生不管英文能力多好，畢竟不是用母語撰寫，行文時難免會有一些瑕疵與錯誤，有時甚至會造成文意扭曲而減損價值，因此還是找人順一順稿比較保險。如果彼此交情夠，美籍同學或許可以義務幫忙，如果不好意思去「拗」人家，也可以事先講好價碼。

取得博士學位後，莊伯仲立刻將履歷表越洋寄回台灣，以便爭取大學教職，後來也順利如願。如果準博士有意找教職或其他工作，應該及早注意求才資訊，在各個領域都有其專業組織可善加利用，例如傳播領域就可參考中華傳播學會提供的資訊。此外，還要主動尋求「內線消息」，也就是靠著圈內的良師益友幫忙打探消息。在覓職方面，很多留學生常希望畢業後先留在美國工作一段時間，甚至直接「落地生根」拿綠卡。莊伯仲指出，畢業以後想要在美國工作並非完全自主決定，而是必須看科系來決定，例如包括新聞傳播在內的人文學科，因為語言與文化的差異，比較不容易在美國找工作；至於理工科系機會就可能大一點。他說，如果想在國外工作，除了科系差異外，還要考量自身能力，有機會不妨勇於嘗試，可增加一些歷練。

只要有心，就能掌握求學之路

「只要有心，任何人都有機會。」莊伯仲特別以自己一路走來的經歷，勉勵所有願意上進的莘莘學子。他認為自己在中學與大學的表現都很平庸，而且還曾經留級，但最後不但通過高考、考上了研究所，還成為留美博士，證明有為者亦若是。

喜愛體育的他還分享一個小故事：當年他前往美國念書時，發現美國職棒大聯盟裡，大多數的總教練以前在當球員時表現都很平庸，因為太爛的選手沒有人敢請來當總教練，但表現優秀的明星球員，如果只以自我為中心地爭取表現，也不適合操總教練兵符。至於表現平庸的球員，一方面具有一定水準，另一方面因為有坐冷板凳的機會，可以看看別人，想想自己，因此更能領略球隊運作，這樣當起總教練來較能得心應手。

他以自己為例指出，參加高中同學會時，被揶揄成績平庸竟然可以念到博士，證明並非優秀、聰明者方能如此，只要學子對學術研究有興趣，肯付出心血，肯努力就做得到。

對於已進入研究所的學生，莊伯仲也根據自己的經驗提出勉勵：「人都有一些劣根性很難去除，因此最大的敵人是自己的惰性，許多該做的重要學問都因此而沒能好好研修。例如大學時候該讀的，常會心想等到念碩士以後有空再讀，到了碩士班又想著等念博士時再說，但是到了博士時也沒有念，因為當時另有許多該念的書，最後又想著等未來工作時再念，可是就業後又忙碌，又有家累，更沒念成，一拖再拖，這就是人的惰性。其實每個階段都有該做的事情，應該要把握當下，有書堪念直須念，許多重要的基礎學科更應該一開始就好好用功。」

莊伯仲認為，如果人生可以重來，他會選擇在求學階段念更多書、參加更多社團活動。他觀察現在的學生浪費太多時間在哈拉聊天或是打工上，長遠來看，這些都是沒有意義的。既然身分是學生，本業就是念書，最好可以努力壓榨出更多時間來充實自己的學識。為了這個目的，念書時要多與良師益友切磋請益，千萬不要閉門造車。

莊伯仲又提到有些學生會自我設限，以為自己學業成績不好，未來不可能念碩、博士，其實這是不對的觀念。現在已經為人師表的他舉自己為例，雖然一路走來波折不斷，但終究達到了目標。他鼓勵同學都應該相信本身的潛力，對自己要有信心。就像港星周星馳在電影「食神」中所說的：「其實根本就沒有食神，或者人人都是食神。」只要有心，你就掌握了求學之路。

掌握研究所與特考的訣竅

鈕則勳博士的分享

鈕則勳博士

最高學歷　國立政治大學政治學博士

現　　職　中國文化大學廣告系助理教授

主要經歷　玄奘大學新聞系專任助理教授

政府機關、社團、公司行號、大學院校專題講座近四百場

外交部薦任科員

戰國策公關公司經理、顧問

國會助理

鈕則勳在政大從學士一路念到博士。

很多大學生常常在踏出校門那一刻，才發現自己還沒想好進到社會以後要做什麼。許多人在龐大的就業壓力下，隨便先找一份工作，幾乎有什麼就做什麼，與其如此，還不如多給自己一點緩衝時間去思考。當然，時光寶貴，不容虛度，因此以繼續進修的方式來增加緩衝時間，或許是值得參考的選項，這也是鈕則勳的建議。

繼續升學可以緩衝就業壓力

目前任職於中國文化大學廣告系的鈕則勳，是「五年七班」的年輕博士，生於台北市，從政治大學獲得政治學博士學位後，因研究主題是選舉廣告與策略，因此進到了廣告系任教。年輕的鈕則勳上課時言談風趣幽默，態度親切和善，讓學生常如沐春風，十分喜愛這位老師。

在私立延平高中三年努力向學，成績優異的鈕則勳順利考上國立政治大學。談起自身經驗，他說：「在大學一、二年級時，我跟所有時下年輕人一樣，享受歡愉的玩樂時光；不過，到了大三上學期時，我開始思考自己的人生，到底是要就業還是繼續升學？」由於鈕則勳當時不想這麼快面對就業壓力，所以他選擇了繼續升學這條路，以做為一個緩衝。

近幾年就業不易，越來越多大學生有意繼續進修。對於當前許多想要繼續升學的大學生，鈕則勳提出了具體的規畫建議：第一，在大學三年級上學期時，就要審慎思考自己將來的生涯規畫，確認目標，勇往直前；第二，在三年級下學期時，便要有步驟的蒐集資料做準備，並且開始行動。當然，對於鎖定的幾所目標，除了要依據自己的興趣之外，還要考慮當時的報考率或考試科目等，因為這樣才符合成本效益。鈕則勳提出他的看法：「可用共同科目做一個依據，如果多念一個科目可以多報考一些學校，假設念四科共同科目，可以報考五個學校，那麼這也是一種增加上榜機會、避免落榜的好策略。」

鈕則勳一再強調，如果要考研究所，就一定要以國立大學做為目標，全力衝刺，不要先預設自己只能考上私立大學的研究所；此外，為了避免落榜，除了優先志願的研究所，最好再報考一所較有把握的學校做為候補。在蒐集資料方面，列出所有可能出題的老師和他們開出的書單，或是直接去打聽出題老師歷年來的「萬年書單」，並且實地去聽課，也可以跟有上課的同學借筆記參考。

「根、莖、葉」鈕式獨門準備法

由於研究所考試要閱讀的資料非常多，為了妥善準備，鈕則勳十分強調資訊的重要性，因此他提出自己在資料整理上的幾個步驟，並且以獨特的「鈕式論述」見解將整個過程分成了「根、莖、葉」三個部分，由小到大分別敘述：

一、葉：將所有蒐集到的資料做重點摘要。除課本之外，還有各個老師在學術期刊、報章雜誌所發表過的文章，全部都做詳盡的摘要。

鈕則勳認為，做摘要是最基本的功課，包括detail（細節）事項，在做摘要時應掌握幾個訣竅：一是弄清楚書裡的篇章架構；二是在一小節的文章中勾出六個重點，挑出最重要的精華句，因為摘要就是重點中的重點。至於老師發表過的文章之所以重要，因為那是他們對其專業領域所提出的剖析與見解，一字一句都可能會成為考題的一部分，因此顯得格外重要。

二、莖：將之前所做的摘要做彙整，並把相同主題滙整成集。

鈕則勳指出，彙整摘要是一個很重要的工作，這期間必須對資料做全盤了解，並且將之融會貫通，完全納為自己所用。此外，還要將每本書中的摘要互相對照，相同的主題及內容也要再做一次統整，最好還能進一步做到觸類旁通，這樣才能事半功倍。

三、**根**：把摘要中最重要的關鍵字和觀念做成小卡片，方便做複習。

鈕則勳提到，他在接近考試的時候已經完全不會再去看書本，因為裡面的內容都已經十分熟悉，所以只會拿最精華的特製小卡片來做重點複習，畢竟考前已沒有太多時間做地毯式複習，因此最好的辦法就是針對重點中的重點再做一次提醒。

以上就是鈕則勳博士在考研究所時的方法，幫助他一路從碩士念到了博士。當然，即使運用在各種不同的考試，例如學校段考、研究所入學考、公務人員考試等，都不例外，一樣可以獲得十分顯著的成效。

在準備研究所考試時，以時間的層面來看，鈕則勳又提出他的見解，建議考生最好將前述根、莖、葉的準備進度分成四個階段：

第一階段：大三下學期。這個階段要盡可能將資訊蒐集完整。

第二階段：大三升大四的暑假到四年級上學期，大約是當年的七、八月到十二月。這個階段要做的工作就是摘要整理的部分。

第三階段：大四上學期結束後的寒假到大四下學期，約是當年的一月中到三月。

這個階段須將摘要做彙整、歸併，並做成小卡片。

第四階段：出題高峰期，也就是猜題階段，大約是考試前三個禮拜的最後階段。

簡單來說，這個階段就是要去旁聽，鎖定要考的學校以及可能出題老師的課。如果可以，最好旁聽一整個學期，但如果時間緊迫，便可選擇在出題高峰期去旁聽。

鈕則勳提到，他考研究所時，因為政治學研究所不甚流行補習，而且當時補習風氣也還沒有現今興盛，因此他在準備考試上全部都靠自己。很多學生會覺得不補習不行，他則認為補習不一定必要，但如果考生懶得自己準備這些功課，還是可以藉助補習班的幫助，只不過要付出一點金錢上的代價；補習與否單看自己的需求而已。

「周圍包抄核心、鄉村包圍都市」鈕式答題法

除了準備研究所時要用心，鈕則勳也建議學子在動筆作答時要掌握一些要領，才能回答得恰如其分。他以個人心得推薦考生在答題時可考慮使用「周圍包抄核心、鄉村包圍都市」的「鈕式心法」，因為這樣的作答方式可以避免在考場上因為一時緊張而忘掉主要的答題核心，而且採用這樣的答題方式，可將相關思維逐字逐句表

達出來，或許在寫的同時，主要的關鍵字就可順勢脫穎而出。但若遇到一眼就知道應該如何回答的題目時，當然就直接回答核心，直搗黃龍。

針對答題方式的技巧，鈕則勳提出一些訣竅：

一、**對主題全盤審思**。拿到考卷後，先審視考題的題數、題型，和可作答的頁數及時間，再分配每題作答的時間與頁數。鈕則勳建議大家最好在最後留十分鐘做檢閱工作。

二、**條列式排版技巧**。在答題時使用這種有層次感的條列式排版技巧，可以展現自己的邏輯思考與組織能力，留給閱卷老師好的印象。

三、**避免雜亂無章的片段式陳述**。很多學生常常想到什麼寫什麼，不過鈕則勳以自身的閱卷經驗指出，作答時千萬要避免雜亂無章的片段式陳述，這會顯示出準備不足的心虛及沒有組織能力的缺點。

四、**觸類旁通**。因為你曾做過許多書本文章的重點摘要，當還有時間時，透過觸類旁通，可以使閱卷老師留下印象，有效獲得加分的機會。

五、**去除妄想症**。去除妄想症也是答題的一大要領，由於作答時不可能將每個問題都答得很完整，因此在這部分也要跟第一點互相做配合，才能收到最大成效。

鈕則勳笑談以上這些規則，最好的使用方式是：一加二減三乘以四除以五。這是他多年以來征戰考場所累積的經驗學習法門，推薦給有心考研究所的同學做為參考，只要掌握了以上的種種原則，相信不管是任何考試，一但有了如此萬全的準備，必定可以達到事半功倍、甚至無往不利的效果！

就業門檻拉高，須注意求職的起跳學歷

跨過了考場煎熬，經過多年求學努力，學業有成的鈕則勳才得以悠哉地在冬日的陽光午後接受訪談，喝著咖啡，輕鬆談起當初大學畢業後選擇不出國留學，主要是因為在台灣他有著一群患難之交的朋友，更有溫暖的家庭，才使他捨不得離開台灣，不願意獨自一人孤零零到人生地不熟的國外求學；而另一個因素是個性使然，他指出，出國畢竟變項太多，「我從不做沒把握的事情。」於是決定在國內繼續他的求學生涯。

關於學歷與就業，鈕則勳提出一些建議及看法，特別是對於現今就讀新聞傳播學院的學子，他認為現在的傳播事業，包括記者、廣告、公關等傳播工作，有的已經開始將基本條件直接設定在碩士學位以上，所以對只有學士學位的人而言，競爭

力就會相對變弱，也就是說大學生原本的學士學位條件優勢已經不在，因此還是得多花個兩、三年時間取得碩士學位，比較容易找工作。

學歷高固然是一項利多，洋文憑會不會更能加分呢？很多人常以為這是一個講求國際化的時代，而且依照台灣目前就職情況來看，似乎喝過洋墨水的求職者比在台灣念書的求職者更具優勢地位。對於這種迷思，一直都在國內就讀大學並取得博士學位的鈕則勳直言：「或許有一些業主會比較崇尚國外的文憑。」不過他也做了一個分析：國外回來的求職者優勢在於英文；而國內求職者最大的優勢則在於一直待在台灣，與台灣就業市場從未斷過，可比國外留學生更了解台灣市場，更容易掌握這一方面的資訊。另外，國內求職者也可透過老師的推薦進入職場從事相關工作；而既有的人脈關係也是進入職場的重要關鍵，如果在打工時期就建立起一定的人脈與相關經驗，也會使只有台灣文憑的求職者相對具有優勢，比遠在國外回到台灣這個人生地不熟的就職市場的留洋學生得到更多資訊和資源，因此能比一般人更快、更直接進入職場。

選擇在國內念研究所的鈕則勳與國立政治大學有著深厚緣分，除了大學在這裡念四年，大學畢業那年也順利考上政大外交研究所，主修國際談判，後來又再度考進政大研究所博士班，所以從大學時代開始，一直到取得博士學位為止，這十幾年的歲月他都一直是政大人。

在國內念研究所固然可以兼顧打工，不過鈕則勳說，他在就讀碩士班的第一年並沒有急著去打工，反而是好好思索未來的規畫，認清自己的興趣；因此在第二年便抓住了方向，朝著目標前進，這才開始著半工半讀的求學生活。

談到工讀生涯，彷彿想起美好時光般，鈕則勳露出微笑：「我對公共關係的操作很有興趣，於是就到了一家公關公司任職企畫案經理，最主要是做一些有關政治公關、輔選造勢的活動，同時還在立法院當特別助理。」他說當時的實習機會很多，其實不用害怕沒機會打工或學習，這是在國內念書的好處之一，他笑著說：「當然如果是讀到了博士班，打工機會就更多了。」

就讀碩士班時，鈕則勳除了在公關公司外，也有一些機會在政府機構、民間團體、企業和學校社團做專題演講。直到一九九六年，服完兵役後又再次回到政治大學就讀博士班，主修政治傳播及公關，鈕則勳敘述為什麼當初又選擇回到校園，而不選擇就業。當時已經不像考碩士時基於緩衝時間的考量，主要是體會到博士學歷對未來的重要性，而且也考量到未來市場的需求。鈕則勳笑著說：「比起碩士日見普及，博士學位在當時算是比較少，我當然要抓住比較稀少的那一個部分！這樣才能增強自己的就業競爭力。」因為這種考量，鈕則勳退伍後又回到校園，開始了博士生的生涯。

比起那些一路念書，甚至到了研究所都還沒有工作經驗的人，鈕則勳可說是一位很特別的人，因為他在碩、博士的求學時期，已經進入業界從事相關工作，而且成就不凡。

結合求學與工讀的好處頗多，就如他自己在訪談中所說：「對於打工我盡量都找與所學和興趣相關。」正因為如此，這些特殊經驗使得鈕則勳有了更充實的人生和經歷，在這些日子裡他學習了不少實務上的經驗，不僅將理論和實務融會貫通，也對他往後在學界教書有很大幫助。此外，直到現今，他仍在公關公司擔任顧問，也希望能夠進一步探求理論與實務結合的可能性，同時他也持續在政府機構、民間社團、企業及學校社團從事專題講座，頗受好評。

通過國家考試進入外交部

在博士班的兩年到三年半時間裡，鈕則勳不只過著單純的博士班學生生活，除了在公關公司擔任顧問，他還於一九九九年在家人期盼與鼓勵下，通過出了名難考的外交特考，進入外交部，持續在公家機關服務了三年。他表示，國家考試的準備訣竅跟研究所差不多，至於考外交部最重要的當然就是語言了。

回想當時外交特考的考試情形，鈕則勳說，外交部算是個熱門的公家單位，考試競爭相對激烈，當初他也是用先前考碩士的經驗法則，以「根、莖、葉」方式去溫習準備外交特考，所以並沒有去補習，只是拿著以前讀過的重點摘要開始猛讀。此外，外交人員的考試分很多種語言，例如：西班牙語、阿拉伯語、英語等，他選擇報考的是人數比其他語言多的英語，因為錄取人數也相對較多。他建議有意想考外交特考的學子，一定要抓住自己本身語文的特殊性，才有競爭的能力，最好在大學時就開始準備。

雖然順利成為公務員，有了許多人羨慕的安穩工作，不過鈕則勳卻表示，公務人員的生活比較制式化，凡事重傳統、講倫理，年輕人的創意及熱情比較不容易有發揮的機會，雖然有人認為公務員是「鐵飯碗」，但對鈕則勳來說，他還是希望擁有較具挑戰性及能激發無限創意可能的發展空間，因此在取得博士學位後，他就轉進學界教書。他說：「教書，你就永遠不會和環境脫節，因為學生的觀念會隨時空

轉變，你的教學內容絕對要與時俱進。」鈕則勳認為在教學中也會有許多的研究發現，這些寶貴的資訊能提供政府做施政參考，也能導入實務界，將理論與實務結合，對社會仍有許多貢獻。

學術論文寫作要像漏斗聚焦

對於已經在念碩士班的研究生，鈕則勳建議，寫碩士論文時該多與指導老師請教互動，在研究所二年級時，就應該要定期與指導老師討論。

鈕則勳形容寫論文的開始時應該要像一個「大漏斗」，他舉例：當時因為主修國際談判，所以思慮剛開始時應該要像一個「大漏斗」，與指導老師討論後先有了一些初步的頭緒，再慢慢鎖定目標。他以「權力不對稱談判」也就是「以小搏大」做為一個方向，爾後再鎖定更小的目標，最後變成了針對一個個案做研究，結果產生了他的碩士論文：《美國與巴拿馬運河談判之研究：權力不對稱之談判》。

鈕則勳說，寫碩士論文要「先鎖定主題再與指導老師討論，開始就像一個大漏斗，到最後便是一個漏斗尖，也就是將範圍聚焦。」鈕則勳表示，讀研究所時最主要的還是論文，這個階段只要將論文完成就行了，所以也不需要多去擔心些什麼，然而對於一個研究生而言，畢竟撰寫學術論文的經驗不足，因此論文還是需要老師的指導。

不過基本上，鈕則勳還是認為**寫論文必須選擇與自己興趣相關的主題，其次就是要考量論文的行銷與市場性**。他強調現今不論是政治、企業都講求行銷，因此對於論文的研究主題也不能太偏頗冷門，以免有了學位卻找不到工作。鈕則勳不避諱的說：「我以前在做博士論文時，其實就在做一些與自己工作有相關性的研究。」所以做論文時不僅要對學術有所貢獻，最好還要兼顧到實務性。

學子該注意的是，即使有再好的論文題目或內容，還是得與指導老師做良好溝通，指導老師的嚴苛與否，會關係到論文的結果；有了明確的方向，就要開始全方位著手資料的收集；尤其要多加翻閱收集文獻探討，針對歷年的文獻探討須多明瞭其做過的相關研究資料，此外也必須了解在此相關研究中，前人的研究做到什麼程度或是有什麼不足?這些都要做個總體的檢閱。而對於研究有什麼成果或是缺失，也都必須去了解，再者就是考慮自己所著手的論文研究中，究竟要用什麼樣的理論來做研究。

鈕則勳再舉正當紅的樂透彩為例說明：討論樂透彩的廣告所傳達的訊息時，必須使用內容分析法去做研究；而探討有關發行樂透彩的策略時，就要採用深入訪談法，對台北銀行或廣告公司做採訪，找出如何做行銷的手法或是有什麼訴求？希望帶給民眾什麼樣的感覺？這些都是在做論文時的前置作業，相關的前置作業完畢後再做分類，如此一來，遵照這些相關原則就能有一個完善的論文報告。

鈕則勳補充：「由於難度不同，需要的時間也不一樣。我在寫碩士論文時，差不多花了四到五個月完成，而博士論文就需要比較久一點的時間，大約花了一年半的時間才完成，這些時間還不包括持續蒐集資料的部分。」

對於就讀碩士和博士，鈕則勳認為最重要的除了論文外，還有選擇指導老師的部分，選擇指導老師也是一門學問，一開始就要多打聽，可以多問學長、學姊，先修課再多去找老師聊，了解指導教授的研究主題及範圍是否符合自己可能的研究方向，這才能選到一個志趣相符，而且真正能幫助自己研究的指導老師。

鈕則勳笑著說，找到好的指導老師當然可以事半功倍，研究生最怕就是遇到「殺手級的指導教授」，一不小心就會多念幾年，甚至慘一點的還可能畢不了業，至於怎麼避免，就要靠自己在這一方面多用心的做功課了。

第二章

第二類組的高學歷策略

創業有成並兼顧學術專業

李福軒博士的宏圖

李福軒博士

最高學歷　美國猶他州立大學電機工程系博士

現　　職　上醇股份有限公司董事長
和春技術學院電子工程學系
助理教授
國立交通大學電機與控制學系
兼任研究副教授
國科會評審委員
台灣科技管理教育基金會董事
中國國民黨中央委員

李福軒（左三）與多位學者前往大陸考察。

主要經歷　美新科技股份有限公司董事長
美新科技股份有限公司執行長、總經理
美新科技股份有限公司副總經理、研發協理
高雄市電腦商業同業公會理事
資訊工業策進會南區資訊中心資深工程師
國立中山大學企業管理學系兼任助理教授
國立高雄海洋技術學院、國立高雄第一科技大學兼任副教授
美國猶他州立大學電機工程系講師
美國猶他州立大學電機工程系研究助理
美國電腦資訊與網路研究中心研究助理

台灣的小學老師在作文課時，常常要求學生寫「我的志願」。不過等到長大以後，真的去實現當年所寫志願的人只怕不會太多。畢竟國小學童對世界的認識還不太多，可能連社會上到底有多少種職業都搞不清楚，這個時候所談的人生志願，多半純供日後懷念。

大二決定人生目標是當教授

事實上，不要說小學生難以決定未來志願，現在連很多大學生也是直到畢業前夕仍然不知道出社會以後要做什麼。當然，不少人其實很早就決定了自己的人生方向，例如就讀高雄中學就已確認了自己喜歡電機與機械工程的李福軒，在大二那年更確定了自己以後還要當大學教授。

相對於「三歲定一生」的說法，李福軒認為在高學歷的時代，高中與大學時期也是人格確定的時期，一個人未來出社會能扛起重要責任或者是只會投機取巧，都可以從這個時期的態度看出端倪。他認為，一個人的人格養成，在過去主要是由家庭教育、學校教育與社會教育三者相加，但經過現代化與社會變遷之後，學校教育與社會教育所占的比重變大。

父親在金融界服務、母親是幼稚園老師的李福軒相信，老師對於學生的影響力很大，只要老師一年能夠影響十個學生，學生成長後再影響他的學生，日積月累下來，就是改變社會最快、最有效的方式。不難發現，這個志願的背後，其實潛藏了對當前社會亂象的改革理想。

想要當老師，不只是為了改變社會這個偉大的志願，而且也是因為自己喜歡老師的生活方式。李福軒笑著說，大學教授在教書與念書之外還可以同時做許多其他事情，這也是他朝此一目標奮鬥的原動力。

因為目標明確，才可以依照規畫進行。決定要當教授之後，念碩士與博士是必然要走的單一路徑，身材壯碩的李福軒以堅定的口氣強調：「一旦確定門是開在這裡，就沒必要再去多開其他不必要的窗，只要目標明確，人生的路上就不要有其他選項，這樣才不會讓自己有犯錯或失誤的機會。」

雖說大學聯考表現不佳，考上了國立中興大學應用數學系，但李福軒一直認為大學時代系上教授的治學風範是他在學術道路上的典範。儘管大學成績優異，系上教授希望他畢業之後能夠留下來繼續深造，但李福軒一方面想到更頂尖的學府進修，另一方面也希望回到自己喜愛的電機領域發展，因此利用當兵時間開始申請到國外留學。

由於軍中生活的限制很多，自己找資料不方便，李福軒找上代辦中心，因為代辦中心對於整理一般資料、信函打字、撰寫自傳、提供諮詢服務等，都能提供實質的幫助，但在學校的選擇與申請上，他則堅持一定要靠自己去蒐集資料並仔細思考。

在申請到的學校當中，雖然不乏最頂尖的知名大學，但最後他決定前往猶他州立大學就讀，因為他始終認為選系優於選校，而猶他州立大學有他最喜歡的電機工程研究所，其他學校則多半以電腦資訊系所為主。

融入當地生活應先做功課

退伍之後隨即出國留學的李福軒，在行前沒什麼特別準備，結果吃了不少苦頭。他以過來人經驗說，出國留學要針對當地的氣候多加準備，因為美國地方廣大，常有特殊情況，台灣學生常不了解。例如剛去美國，可能會因為無法適應乾燥的氣候而流鼻血，或是美國秋冬還有「乾草熱」，症狀像是感冒，差別是只有發燒，這種病有專門的藥，但如果留學生不了解，會誤以為是感冒，就無法對症下藥。

除了氣候，還要注意各地的獨特文化，例如猶他州在美國是一個相當出名的宗教州，當地居民有兩個很重要的觀念：一是非常相信人，直到遭到欺騙後才會產生不信任；二是強調法律之前人人平等，因此可以是一個信用度高、治安好的生活環境。不過猶他州為純白種人社會，有色人種很少，因此有時候會發生白種人歧視有色人種的情況。

在當地生活多年的李福軒認為，其實有一些族群歧視的情況也是有色人種自找的，因為這些人去到異鄉卻又不願意融入當地社會，才會發生這種狀況。他舉例中國人如果去了美國，卻總想著在異地環境中繼續過著自己的中國生活，自然會與當地生活格格不入，這是種族、文化、生活衝突衍生出來的問題。李福軒分析：外地人進入各地社會生活，都一定會對本地人造成某種程度的影響，甚至被看成是破壞，因此容易產生隔閡。他建議出國留學的學生應該要學著尊重人家的文化，多與人溝通，知道當地人的想法，並且試著融入當地生活，這樣才可以避免不必要的族群問題。他提醒準留學生，在美國生活盡量避免使用國、台語，避免造成無妄的誤會，如果要用中文對話，也應該事先禮貌告知。

融入當地生活的考量，對於宿舍選擇也有影響。李福軒說，當時學校提供兩種單身宿舍，一種可以在宿舍裡自己煮飯，另外一種則是在學校餐廳吃飯，他認為既然去到美國，就應該融入當地生活，所以選擇了後者。

研究所求學經驗談

在求學方面，很多台灣大學生都不仔細閱讀學校發放的資料，甚至習慣到了第一堂課，才去教室了解自己選的到底是什麼課，李福軒建議留學生拿到大學部或研究所的學生手冊，一定要仔細閱讀，並且先自行上網了解課程大綱與教科書。他認為，前述兩種準備方式，反映出來的就是主動與被動兩種不同的求學心態，被動的學習方式要歸咎於填鴨式教育，但這種教育方式非常不合乎需求，因為人的閱讀速度永遠跟不上資訊與知識的累積速度，更何況現在每一個高知識分子所要面對的都是全球化競爭。

至於研究所的選課，李福軒表示，美國的應用科學是學術與實用並重，就算是理論也不純然只是理論，這樣才可以貢獻社會所需，所以他的論文題目也朝著這個方向思考。當時他雖然盡量選修與論文相關的課程，以便有助於論文撰寫並且提高論文水準，不過卻認為課程與論文其實不一定要完全結合，因為論文主要是自已做學問，如果行有餘力，多選修幾門跟論文主題沒有直接相關的課程，反而可以學習更多的知識。

在電機研究所攻讀的李福軒不只選修了一些與論文題目不相關的課程，甚至跑到其他學院選課與旁聽。在美國旁聽必須要先註冊，當時他去商學院經濟系旁聽一位印度裔經濟學大師所開設的國際經濟學，全班學生當中，只有他一位不是商學院的學生。

雖然不是商學院學生，又只是旁聽，但是李福軒仍全力以赴，在這位教授每個星期都考的測驗中，主修電機工程的他總是全班第一名。後來這位印度裔教授找上這個獨特的華裔研究生約談了幾次，希望他能正式選修這門課。有趣的是，一直沒有正式選修這門課的李福軒，後來倒是忠實的推廣當時課堂上的訓練：在他自己的課堂上，也是一個禮拜都要考試一次，以此鞭策學生努力學習。

在升學之路上一直都很有規畫的李福軒，偏偏在找尋指導教授這件重要的事情上沒什麼規畫，因為這次是幸運之神主動來眷顧他。當時他在學校的走廊上閒逛，發現其中一間研究室上的教授名字有點熟悉，進去之後發現原來自己上過他的課，兩人交談之後，這位教授要他留下姓名與聯絡方式，經過了幾天，教授主動丟給他一個研究計畫，並且還是有薪水的研究計畫，那時他才知道教授是這個研究領域的頂尖權威，後來也成為李福軒的指導教授。

最近幾年，國內、外很多研究所都推出了不必寫學位論文就能畢業的研究所方案，受到許多學子的喜愛。李福軒卻認為只修課程不寫論文的碩士，未來在產業界不見得受歡迎，因為研究所主要是訓練研究生的獨立作業能力，提供的是一個培養研究態度與獨立能力的場域，因此課堂研究與學位論文都要研究生自動自發去完成，而論文撰寫至少代表了一部分的作業能力，對研究生的最大好處是可以學習專案管理及做事方法。

李福軒以鼓勵的口吻說：「其實撰寫學位論文一點都不難，在結構上跟作文差不多，不外乎是起、承、轉、合而已。」他解釋起就是開頭，要明白交代研究方法，期望結果為何；承即是別人做過的研究背景、結果等，與自己研究的比較，以及交代自己用什麼方法解決研究問題和研究過程；轉是確定論點是否正確，以及研究結果的比較；合則是比較自己與他人研究所得到的結論，以此佐證自己的論述，並且提出研究貢獻與未來的研究方向等。

現在常常指導研究生寫論文的李福軒認為，電機工程領域的學位論文，最重要的是要有原創性以及研究的嚴謹度。他說，電機相關科系研究生最容易犯的錯誤就是做「虛工」，同樣的題目已經有其他人做過了自己卻不知道，以致浪費時間做了重複的事，因此應該要有完整的學習，先從上課與閱讀中，了解別人做過什麼研究；此外，有一些研究生的問題則是研究結果雖然做出來了，但是論點的支持度不足，應該要有足夠的證據與事實，才能提出論點支持研究結果。一個完整的研究就是一項科學調查，要以確定且清楚的條件定義及周延的事實證據來討論才能被認可。

李福軒表示，做研究需要深入廣泛的討論，接觸別人作學問的方法，所以人與人的互動很重要，論文的撰寫不僅是學習做學問的態度與方法，也是處理事情的一種能力訓練。

對於目前同樣置身於這個領域的研究生，李福軒指出，現在的科學發展進度飛快，尤其電機資訊學門的進展更是日新月異，因此研究生應該要多閱讀相關的學術期刊，而且現在網際網路發達，有一些專門整理科學論文的網站，研究生至少每個禮拜要去查看一、兩次。

由於猶他州立大學的電機研究所採取的制度是：修完課，碩士論文口試通過後，還得把碩士論文裝訂成冊，在裝訂上還有一些制式規定，例如留邊幾公分等等，當時是由一位很嚴格的博士審核，不過李福軒的指導教授卻認為學校的這些行政規定不重要，只要「關檔案」（美國校園把學生入學說成開檔案，當學分修完畢業則稱為關檔案）還是可以拿到學位證書，所以他是通過口試後很久，才取得了學位證書。因為繼續在猶他州立大學攻讀電機博士，所以沒有適應上的問題，可以全力應付學業。

在撰寫博士論文時，李福軒遇到了一個很大的障礙，當時他在指導教授的建議下選定了題目，已經做了兩年，卻發現有問題。研究結果與同領域其他前輩的結論在通用條件下（General Case）完全相左，「研究結果確定無誤，但是卻無法建立完整的理論架構基礎。雖然確定了其他研究者有錯誤，卻又無法證明，這樣一來論文口試勢必很難過關。」為了突破瓶頸，李福軒與指導教授兩人花了整整一年半的時間重新由最基礎的定理架構起，終於完成了《完整之一般化「隨機最佳化之平行處理」理論》。也因此一突破，李福軒的博士論文在未發表之前，即被相當多的研究單位列為參考。時隔多年，李福軒說來依舊神色凝重，可以想像當時遇上的麻煩有多大。

博士論文的進度停頓了一段時間，李福軒一度想要更換題目，但因為考量到自己在這個研究領域已經鑽研得很深，所以最後還是堅持不改題目，這一堅持也讓他與指導教授在這個領域奠定了一定的研究地位。經過這次磨練，更讓他確信了一件事：「人生必定有許多挫折，但挫折也只是一種過程，最重要的是嘗試去克服並解決。」在猶他州住了九年時間後，李福軒順利讀完了碩士與博士課程。

在美國開始了老師生涯

多數台灣學生都希望能在留學之餘，順便在當地尋找工作機會，多增加一些生活體驗。如果能夠留在當地的學校教書，更是難得的機會。

在李福軒攻讀碩士時，指導教授就徵詢他是不是有意願擔任助教，因此他就接下助教的工作。很多留學生都曾經擔任助教，不過後來李福軒卻因此開始陸續幫老師代課，甚至當時還因常幫老師代課而代出了名氣，曾有一位學生跑來告訴他說，居然在一個星期之內就上了他代的三堂課。

由於代課的口碑不錯，李福軒畢業前兩年獲得擔任講師的機會，正式開始擔任教師。大二時立下要當老師志願的他，結果是在留學美國時先實現了這個志願，這一點真是連他自己當初也沒有想到。博士論文完成後，李福軒升任成為助理教授，一直在美國母校教書，直到父親要求才回台灣。

美國教授的薪水差異很大，與所屬的學院也有關係，李福軒表示，以猶他州立大學為例，電機系教授的薪水是很多學系教授的兩倍，這是因為電機產業的薪水很高，相對來看，學校也要給予高薪才能留住優秀人才。這種務實方式，跟目前台灣所採取的齊頭式平等有很大的不同。

為了華裔學者的這塊大招牌，李福軒要求自己要當一位非常稱職的老師，開始教學之初，他特地交代學弟用錄影機錄下自己上課的情況，以便檢視上課效果，並看看自己有什麼該改進之處，讓自己也能在教學過程學習如何與學生互動、如何有效的傳達知識。例如他發現上課時遇到有學生問了問題，他都會直接回答，但是其他學生卻可能因為沒有完整的聽清楚問題而無法進入狀況，因此後來他在回答前就會先把問題複誦一遍，讓所有學生都清楚目前在解釋什麼。

台灣常有學生為了分數去求情，美國也不例外，李福軒就曾經遇到一個「特殊」學生來求情。由於美國大學是自給自足經營，校長與院長主要是負責行政職務，最重要的工作是募集經費，平常在學校對教授都是絕對尊重，甚至教授所給的成績在二十年之內都有權力可以修改。有一次，有一位每年都拿獎學金的女學生在他的課堂只拿到B⁺的成績，私下來找他要求改分數，在請該學生重新審閱了自己的作業、考卷後，確定原本的分數無誤，但是女學生卻表示自己從大一以來每學期都是獎學金得主，按照規定絕對不能有A⁻以下的分數，甚至直接表明自己的父親是學校的工學院院長。李福軒聽完還是對她說，一切按照學校規定，更何況正因為她父親的身分，她應該更明白學校的規定，最後依然沒有放水。

在美國擔任教職之後，李福軒也有難得的機會可以參與重要的出題與入學審議，他曾經為博士候選人的學科測驗出題，也參與過研究所的入學申請審核。在美國，教授擁有絕對權力決定學生入學許可。根據參與電機研究所的入學審議經驗，他表示審議時主要是依據四個重點來決定：一是成績，不過申請學生的總平均成績不是真正重點，而是在學習過程之中是否持續成長；二是特定專業科目的成績；三是學生的其他歷練與背景，包括曾經做過什麼事情，例如專業證照、發明專利、社團經驗、活動參與等；四是GRE與托福的成績，但是主要看的是數學、分析等部分。除此之外，還應該注意的是推薦函的可信度問題，申請入學的推薦函應該找熟悉申請者的教授撰寫，而且應該依照事實。李福軒說，現在常有學生找他寫推薦信，他都會先請學生慎重考慮自己在他課堂上的表現，因為他絕對是依照學業成績照實寫，這是他的基本原則。前述這些評斷標準的目的，都是為了收到最好的學生。

李福軒說，如果有兩位以上的申請學生在前述各重點都平分秋色時，才會根據申請者的原先畢業學校的知名度來決定要選擇那一位學生。

產業界需要學以致用的人才

回國之後因緣際會走上創業之路，但同時仍在學校教書的李福軒表示，學生應該對自己進行人生規畫，然後依照規畫，控制自己的人生方向。

如果有心走入研究領域，李福軒認為電機是一門非常專業的科目，在這個科學領域，有機會的話還是應該到國外去學習研究，因為目前台灣的研究能量還不足，而且研究課題也不是最先進的。不過他也呼籲學生不要盲目升學或出國，因為最根本的問題還是要先了解自己的性向與目標，要先想清楚自已未來到底要做什麼。想清楚之後如果真的決定要出國，他建議在這資訊開放的時代，想升學者應該要盡量申請所謂的主要研究大學，才能獲得完整的學習經驗及學術研究訓練。

相對於正式留學，現在台灣吹起了一股短期出國的遊學風，很多學生都趨之若鶩。但李福軒認為，其實到國外去念社區大學、短期遊學、短期學分班，除非是自己能力很夠，這種學習才能對個人有加值作用，否則的話，普遍而言，短暫時間的學習收穫不可能太大，特別是在學生時代，參加這種短期進修可能毫無幫助；如果是出社會工作了一段時間以後再去，情況又不一樣，這時因為學習動力變強，比較懂得整理自己出國所看到、接觸到的一切，對個人的學習成長會比較有幫助。

踏入產業界創業有成的李福軒表示，如果決定不升學而想到業界工作，那麼產業界所需要的是能學以致用的人才，因此在學校沒有學好，等到進社會才想邊做邊學的人，在徵試時的錄取機率相對較低。身為老闆與老師的他說，在甄選與面試員工時，除了參考在學成績，更重要的是，面試者在作答時對各種問題的應對進退，主管常常會從穿著、反應、處理事情的方法、面對問題的態度、企圖心等方面加以考量，因為學歷的影響性只在初期，工作三至五年後，績效與用功程度才是成敗的關鍵。

自創英文語音校正新軟體

林宜敬博士的壯舉

林宜敬博士

最高學歷　美國布朗大學電腦科學博士

現　　職　艾爾科技工作室總經理

主要經歷　趨勢科技新產品研發部協理

趨勢科技新產品研發部經理

華通電腦MIS主管

林宜敬除了寫程式還會做麵包。

很多人以為有博士學位的人學成之後，一定是回到學校教書，不然就是穿著白色長袍在實驗室裡做研究。其實投入產業界的博士也不少，研發出全球第一個英語自動語音校正系統（ASAS）軟體的林宜敬就是其中之一。

第二類組內的不同科系暗藏玄機

目前擔任艾爾科技總經理的林宜敬，高中就讀建國中學，因為志趣而選擇甲組理工科，也就是現在的第二類組。

一般人常以為第二類組念的科系都差不多，其實不論上課內容與條件需求都不一樣。林宜敬舉例說：「像電機、機械系還有土木工程系，都需要比較好的微積分基礎，至於資訊工程系則需要比較強的推理和邏輯能力，邏輯能力說得專業一點就是要擅長『離散數學』（Discrete Mathematics）。基本上，資訊工程系的重點是『不連續數學』，而電機與機械等學系強調的剛好相反，是『連續數學』（Continuous Mathematics），兩者之間不太一樣。如果始終搞不清楚兩者之間的差異，結果適合電機系的人跑去念了資訊工程，適合資訊工程的人卻又念了電機系，那麼雖然同屬第二類組，念起來卻會大大不同。」

從小到大學校課業總是處於優等的林宜敬，在面臨聯考時與一般高三學生並沒有什麼不同，沒有時間多想這些差異，只是整天沉浸在書本裡。放榜時，他以些微的分數沒考上第一志願台大電機系，而落到了第二志願的台大資訊工程系。林宜敬笑稱自己的運氣好：「我的邏輯能力強，但是微積分很糟糕，還好沒考上電機系，要不然下場一定很慘。」

在大學生涯的前兩年，林宜敬和台大校園裡的其他學生一樣，過著悠閒快樂的大學生活，成天享受走在椰林大道上任微風徐徐吹來的自在，「這種大學生活說穿了也就是鬼混。」林宜敬笑說。但是除了把時間花在鬼混上，其中還有一點不一樣的就是他有一項興趣：棒球。因為有這項興趣，他加入了台大棒球校隊，因此有了更充實的大學生活。

歡愉的快樂時光，在大三那年開始慢慢蛻變，林宜敬說：「或許是高中時期已經把大一、大二該讀的書都讀完了，甚至連一輩子都不會用上的書也念了，所以剛開始才會過得這麼輕鬆，不過到了大三，我開始努力尋找自己該走的方向。」因為有了方向，大四畢業那一年，林宜敬的成績突飛猛進，成了班上第一名。

服完兵役出國直攻博士

台灣的男學生在求學過程中都會面臨兵役問題，很多人因為怕「當兵呆三年」而選擇先念國內的研究所再當兵，林宜敬則是決定先盡完國民應盡的義務再出國念研究所。服完兵役之後，他前往美國的著名學府布朗大學直攻博士學位。

問起為什麼沒有先讀碩士，林宜敬摸著頭髮回想：「申請直攻博士的困難度當然會比申請碩士班高一些，但是因為直攻博士所需的修業年限比較短，並且會有獎學金。」說到這裡林宜敬忽然放聲大笑說：「如果直攻博士中途放棄的話，學校通常也會授予一個碩士學位，這就是有名的安慰獎。」他的笑聲掩不住直攻博士成功的得意。

林宜敬是接受台灣傳統教育的學子，對於為什麼要出國念博士並沒有什麼特別的原因和動機，只是在他那個年代，會讀書的人從小就被師長認為一定要讀到博士，而且最好是出國念博士，所以他也覺得自己應該往出國留學的路去發展。不過他也透露，當年遇上蔣經國總統逝世，整個國家正處於一個十分交錯複雜的年代；而那時台灣大學畢業的人，只怕有百分之八十的人都想出國留學，所以他就跟著班上同學一起準備托福考試和GRE考試。

林宜敬談起當初考GRE時，內容分為三個部分：推理、數學和字彙。對於理工科學生而言，考推理和數學可說是輕而易舉、如魚得水，因此，在這場考試中，短短十到十五分鐘內，林宜敬便和班上同學一起早早做完交卷，並且個個都拿了高分，考出相當漂亮的成績；但對於字彙，不擅死背的林宜敬笑著說：「考得有點辛苦，而且分數很低。」

儘管字彙不好，林宜敬還是以托福六百多分的成績，申請到美國的布朗大學就讀博士班。布朗大學屬於頂尖的常春藤盟校，林宜敬取得布朗大學的獎學金，可以安心完成這六年的博士班求學生涯。

找回童年時代敢嘗試、敢犯錯的心

剛從軍中退役沒多久，林宜敬便從台灣漂洋過海，一個人遠赴美國的布朗大學求學。雖然服役時林宜敬隸屬於陸軍資訊中心，與在學校所學的並沒有多大差別，不過因為在軍中兩年，不免與社會有所脫節，現在又遠赴異鄉，所以一時之間有些不太習慣，甚至在心理上出現過很大的挫折。

林宜敬說，多數台灣小孩都是長期在一個保守傳統的教育環境中成長，教育方式通常都告訴孩子該怎麼做、該怎麼讀書，而不是讓孩子有獨立思考研究的空間以及豐富的創造力，因此處在國外的教學環境，尤其是美國如此開放的教育環境中，實在有許多不適應，這方面也是他覺得出國念書最辛苦的地方。

創造力對於就讀布朗大學的學生而言是不可缺少的，在美國求學的那些日子裡，林宜敬不斷試著解放自己的思考以及激發腦力。這與在台灣就學時，在學校絕對不能有稀奇古怪或與別人不同的想法，不然會遭到別人異樣眼光看待的情形大相逕庭。

林宜敬有感而發的說：「在台灣，如果一個人總是照著常規走，總是人云亦云的遵循教科書做事，那他可能在百分之九十九的時候是對的，而只有百分之一的時候犯錯，這些人通常會受到讚賞，會受到鼓勵。相反的，如果一個人喜歡獨立思考，喜歡嘗試教科書裡沒有的東西，那他可能在百分之九十九的時候是錯的，只有百分一的時候正確，這種人在台灣常常會受到師長的懲罰。然而，幾乎所有科技上的突破與發明，都必須來自於後者，也就是那些常常犯錯的人。」林宜敬覺得，他在布朗大學讀博士時候，最重要的突破就在於找回了童年時代那顆敢嘗試、敢犯錯的心。在某種程度上，也就是要忘記之前在台灣聯考制度下所被僵化的腦袋。

在布朗大學，林宜敬隨時都警惕自己，必須要敲開牽絆他、限制他的舊有思想，讓自己的大腦重新有個突破和創新的思維；林宜敬描述當時為了激發自己的創造力，只好不斷做腦力激盪，「當時只要有想到什麼還不錯的 idea，就會馬上寫在筆記本裡。」在解放思考的過程中，還要訓練自己不斷往不同思維模式方向去思考，漸漸培養出更多的創造力。林宜敬認為，在台灣的高中、大學考試，所有答案幾乎在課本中都找得到；事實上做研究或是出去外面工作，有時候理想的答案並不是在課本裡就可以找得到，因此他覺得台灣社會中存在著一個瓶頸，那就是台灣人多半沒有自己創造的東西，大部分時間就是在抄襲，他認為不論任何人，處在當前這種知識經濟的時代裡，如果缺乏創造力，都將會是一個危機。

培養洞察力，養成獨立思考的習慣

布朗大學對學生的基礎教育十分重視，對授課師資的要求也十分嚴格，甚至讓大師級的教授來教基礎課程，重點就是要培養學生具有真正的「洞察力」（insight）。林宜敬表示，雖然他在布朗大學選修的許多課程都是大學時期已在台灣學過，但同樣的課程內容，他在布朗大學的課堂中卻有更深一層的體會。同樣面對一個問題，在台灣的課堂中往往只注重答案，但在布朗大學博士班的課堂裡，重點往往是在研究問題的類型、問題產生的原因與答案產生的過程。也就是說，台灣的教育體系喜歡在短時間內塞給學生大量東西，但這都是消化不良的；而在布朗大學，林宜敬學到的是如何探討問題的本質。

回到台灣工作後，林宜敬常常覺得台灣的工程師缺乏洞察力，因此通常都只能看到問題的表面和皮毛而已，並不能深入探究出其真正精髓。他舉例說明：「一個缺乏洞察力的工程師，往往會將每一個問題視為一個全新的問題，然後花很大的力氣試著從頭去解決，但對於一個具有洞察力的工程師而言，他會覺得大部分問題其實都是已知類型的問題，只有很少數問題是全新的問題，而當他看到一個已知類型的問題時，會馬上知道解決這類問題的方式有幾個，而各個方式的優缺點又是什麼。結果是解決問題的時間縮短了，解決方案的品質也同時大幅度提升了。」林宜敬強調，其實他是到了布朗大學後，才知道這些科學家怎麼去思考與研究知識，而知識的產生和過程則是經過一場又一場的激烈辯論與討論，一直到最後為什麼這一派的學術會產生，都是他到布朗大學才徹底明瞭，並且真正學到何謂洞察力。

在美國，學生和教授在課堂上互動的情況也特別值得台灣參考。林宜敬說，美國學生對於上聽不懂或是不清楚的地方，都會直接公開舉手發問，而教授也會不厭其煩的反覆解釋。但在台灣，許多學生與老師把發問視作是一種應該避免的衝突，也有一些人誤認為發問的學生一定是比較笨或是上課不專心，而這都是很不健康的認知。事實上，唯有在課堂上不斷發問與討論，學生才會培養出對問題的洞察力，也才會養成用腦思考的習慣。

對林宜敬而言，最震撼的莫過於論文題目的選擇。當初他為了選擇博士論文題目而去找指導教授萊斯（Reiss）博士，以為會得到一個相當明確的題目，沒想到，萊斯教授卻只冷淡地丟給他一句話：「這是你的畢業論文，所以你應該自己去找你的論文題目。」

林宜敬表示，當時他感到相當挫折，因為通常不管國內或國外的研究生，都是由指導教授指定題目或是給方向做論文研究，而且如果有指導教授的指定，取得博士學位就會比較快；如果由學生自己找題目，往往不是找到一個太難、做不出來的題目，不然就是找到一個太簡單、沒有學術價值的題目。而有時好不容易找到了難易適中的題目，卻在一段時日後又發現早就有別人在做同樣的研究了。林宜敬表示，自己當時比較缺乏創造力，所以當萊斯教授逼著他不得不自己去想的時候，過程也就特別辛苦。那段日子，林宜敬不斷激盪腦力，希望想出更好的論文題目，但在最初的兩、三年，他每次去找萊斯教授商量，總是得到一些負面的回應，雖然林宜敬當初十分懊悔自己找到這樣的指導教授，但事後回想，這一段經歷對他而言卻是一個非常好的訓練。

林宜敬回台灣後看到李遠哲的傳記，裡面提到李遠哲寫論文的過程，也是同樣遇到希望學生自己找題目的指導教授，而李遠哲也是一開始覺得很挫折，卻在事後認為他的指導教授是他畢生的恩人，林宜敬笑著說：「我當然不敢和李遠哲比，但是我們的遭遇很類似。」因為有這樣的過程，使得林宜敬學會獨立思考、自己選擇研究或是研發的題目。

林宜敬在布朗大學的成績都是拿A，不過他卻笑著承認：「出國前我對於做研究（research）完全沒概念，對於當初申請布朗大學時，要選哪一個教授或是哪個教授在做哪方面的研究，我也一概都不清楚，所以選到這位指導教授也是誤打誤撞。」

訓練自己開口說英語

成績優秀的林宜敬在英文閱讀上並沒有什麼困難，他說在讀大學時，除了國文等少數科目外，幾乎所有科目都是用原文書，因此更加深了他對英文的閱讀能力，但台灣對英語的傳統教育比較注重文法，林宜敬是在到了美國，才有點驚訝的發現：原來語言的學習必須開口說，如果不試著開口，就會好像任督二脈沒被打通似的，學習語言總是事倍功半。

無法開口說英文不但學不好英文，甚至差一點就讓他失去到美國念博士班的機會。林宜敬回憶剛到美國時，雖然聽得懂對方所說的意思，但卻遲遲沒法開口說出英文，他說：「當時會有個中文字句卡在心中，但卻無法找到英文字句出口。那個時候哪有時間像考試一樣去想什麼中翻英、英翻中啊！」他說其實人腦的構造本來就是聽和說，所以如果平時能夠多開口說英語，直接用英語思考講話便能習慣成自然。一向對自己英文很有自信的他，還曾經因為一次站在台前進行博士生研究計畫說明會報告時，看到台下三十多位藍眼金髮的外國教授和同學，一時感到壓力沉重，使得原本對英文讀寫能力一級棒的他，當時硬是無法從口中說出流利的英文。

「真的差點就失掉進入博士班的機會。」林宜敬心有餘悸的說。

林宜敬可說是典型的台灣學子：能讀，能寫，但口中卻說不出辭意暢達的英文。他有點感慨：「外國人到台灣學習語言都是大膽開口的去跟台灣人交談，但台灣對英文的學習，卻只講究文法的教學。」

林宜敬發現，不單只是台灣用這樣的英文教學方式，甚至整個亞洲都有這種現象。現在能說一口流利英文的林宜敬，把自己的這個能力歸功於是有機會出國留學，才有機會能大膽與周圍的西方人不停交談。在美國求學期間，林宜敬因為住校，所以常有機會認識各國的學生，而由於他剛開始沒辦法流利的說出英語，因此就和一群同樣英語不太流利的歐洲朋友成為至交，另外，他也結識了許多在美國長大的ABC（America Born Chinese）和小留學生，其中許多人後來成為林宜敬的莫逆之交，有些還是現在職場上的創業夥伴。住校期間，林宜敬每天都會到學校的大食堂吃飯，在那裡總會遇上一些美國學生，他也把握每一個機會與他們交談，久而久之，自然就熟悉了當地的文化和語言；此外，參加系上的壘球隊與經常和美國同學喝酒，也是林宜敬改善英語能力的兩大法寶。他笑著說：「三杯黃湯下肚之後，便會把所有的文法規則都忘了，半醉半醒的狀況下，我的英文總是特別流利，當時怎麼也擋不住，想也不用想的英文便脫口而出。」

遇到生涯轉折點

林宜敬取得博士學位後，先在美國紐約州的ＩＢＭ華生研究中心（T.J. Watson Research Center）工作了一年，那是一個研究單位，環境不錯，但他卻感到相當失落。「可能是個性使然吧！」林宜敬微笑說：「我喜歡寫一些具體可用的程式，但不喜歡寫論文，所以就決定轉往產業界發展。」他在一九九六年離開了ＩＢＭ，隔年回到台灣，先後在華通電腦與趨勢科技兩家科技公司服務。在這樣的機緣之下，林宜敬走進產業，更一步步走上創業之路。

二〇〇一年是他事業的轉折點，當初他也曾經不停思考該在大公司中安穩服務或是選擇冒險創業。畢竟有了頂尖的博士學位，輕輕鬆鬆就可以找到很理想的工作，而且收入可觀，不必承擔自己創業的風險。不過，最後他還是選擇了創業。

由於自己身受其害，開口說英語便一直是林宜敬所重視的。當初之所以會發明全球首創的「自動語音分析系統軟體」（ＡＳＡＳ），全是因為有一次林宜敬與家人到泰國打高爾夫球，發現妻子與丈母娘十分喜歡學習語言，因此就要求林宜敬一定要跟他們學習泰語。林宜敬笑著說：「我覺得她們的發音有問題，而且她們跟泰國人說話時，泰國人好像根本就聽不懂。」因為這樣的一個事件，讓林宜敬腦中浮出了一個idea：應該要有一套與電腦互動的語言教學軟體，教導大家學習各種語言、矯正發音。林宜敬的心中有了這樣的想法，等到時機成熟，立刻就著手開始研發軟體，也因此才有了如今這一家「艾爾科技」，主要產品就是自動語音分析系統。

雖然林宜敬本身就是資訊工程專家，但是單打獨鬥與創業經營畢竟不同。在林宜敬公司的會議室裡，有著一塊大大的玻璃板，板上有著先前許多次會議所殘留下來的字跡。

林宜敬認為在發展創意的過程中，整個設計團隊最重要的就是溝通，所以才會在整面玻璃板上不斷寫出各自想到的邏輯語言及圖表，玻璃板經常都是寫滿又擦，擦了又寫；這樣的溝通如果進行的順利，就不會因為溝通不良而浪費時間或是造成錯誤決策。艾爾科技工作室的主力產品「自動語音分析系統」在研發上，就是一再重複著這些繁雜的過程。

除了外在的壓力，林宜敬認為在研發這套軟體時，心理壓力大過其他實質上的壓力，他說：「當初在研發時，心理壓力非常大，因為做的時候並不知道是否能做得出來。而研究一個不知道能不做出來的產品，與研究一個已經有人做出來過的產品，兩者在心態上是相當不一樣的。」他摸摸額頭仔細回想當時歷程又繼續說：「在邏輯上，一種新產品從來沒有人做過，其可能的原因只有兩個：一個是這種產品從來沒有人想做過；另一個是這種產品有人想做過，但卻從沒有人做出來。如果是前者，那我們可能會挖到金礦，但如果是後者，徹底失敗的可能性就相當高。」

林宜敬說，當初研發這項軟體時，這是最大的心理障礙和擔憂，這也是到大公司服務與自己創業最大的不同。曾經有一次，他用傳統的語音方法去做卻遇上死胡同，因為剛開始都是依循課本或是一些文章做，但那都是在辨識語音而非真正分析，因此花了兩、三個月都無法突破，最多只是小片段的改進，最後才大膽決定不用原來的方式，乾脆另尋途徑。

勇於思考不同的模式，這或許就是做研發和科技從業人員不同於一般人的地方，因此隨時隨地都必須有新的突破和挑戰，沒有前例可循，更沒有固定的規則。經過一番努力，自動語音校正系統終於在林宜敬的堅持與突破之下，透過團隊努力而研發成功。

走入台灣的電子產業

展望大環境，在過去這二十年裡，台灣電子產業興起，本地的中低階工程技術雖然在這段時間精進不少，但還是必須更進一步進行創新和研發。林宜敬指出，如果台灣能了解自己電子產業的地位，勢必對未來有意從事科技電子的人員有很大幫助。他以自己為例對未來有意報考相關研究所的新進資訊科技人員提出建議：從學生時期就必須認清所選和所愛的科系，對於科技這條路是必須有喜愛和熱誠，只要有熱誠，就算是不發財也能從中找到樂趣，而學業的基礎根基更要打好。

林宜敬說：「即使對於自然科學、資訊工程這方面有興趣，但某些科目還是必須下番功夫去苦讀出來。」他再三提醒現代念理工的年輕學子：必須多加強費心，特別要認清楚自己屬於理工科系中的哪個領域，以及思考模式能不能突破傳統教育的限制。

就現今的科技就業市場而言，社會新鮮人應該具備什麼能力才是好的人才？林宜敬以艾爾科技工作室的徵才條件為例指出，如果求職者能夠具備學歷、聰明和經歷，那當然最好，不過他打趣說：「通常這種人都要花上極高的薪水聘請，要不就是自己已經當老闆了。」萬一真的三種條件的其中之一無法滿足時，他第一個會犧牲掉經歷。至於在學歷方面，很多人迷信名校，林宜敬卻認為：「名校也有不好的學生，較差的學校也有好學生；所以不一定要哪一所學校，重要的是對於問題的發生是否能了解其精髓。」

對於有意想從事科技行業的新世代，林宜敬認為學歷有其價值，但如果是創業又不一樣，他也以親身經驗指出，雖然自己是念了博士才創業，但是創業絕不需要博士學位，更何況，高科技創業的方式也有很多種，有人是倚賴新的研究與發明，但也有人是靠著創新經營模式（Innovative Business Model）。林宜敬直言指出，有時候高學歷與發明能力不一定能畫上等號，對於有意念研究所的學生而言，攻讀博士學位的過程中未必會有重要的發明，而如果有什麼偉大發明，所做的發明也未必適合大規模商業化，因此未必能用以創業，這一點必須先想清楚。至於創新的經營模式，林宜敬笑著說：「這門學問基本上不會出現在任何的博士課程中，不然就不叫創新經營了。」

苦學直攻神經化學的議員

潘懷宗博士的仁心

潘懷宗博士

最高學歷　美國艾默蕾大學神經化學及分析化學博士

現　　職　台北市議員
教育部全國反毒教育委員會委員
國立陽明大學藥理所兼任教授
國立中央大學通識中心兼任教授
國立政治大學生物科技管理研究所授課教授
實踐大學「基礎醫學」講座
台北市潘氏宗親會秘書長

出國深造是潘懷宗自我成長最快速的時期。

主要經歷

台灣科技大學及台北市立體育學院教師申訴委員會委員

第三屆國民大會代表

新黨全委會秘書長

健康電台、News 98 電台節目主持人

國立陽明大學教授、儀器中心主任、副總務長、主任秘書

東吳大學兼任副教授、教授

中華民國運動神經元疾病病友協會常務理事、秘書長

中華民國藥物成癮防治協會常務理事、副理事長

國立陽明大學教師聯誼會會長

全國教師會理事

中華民國兩岸人民文經交流促進會副理事長

榮獲台北市91年度榮譽市民

獲頒七次行政院國科會甲種研究獎

獲頒行政院三等服務獎章

在一般人的觀念當中，總以為念博士就一定要先念碩士，其實不然，潘懷宗當初就是直接攻讀博士。

認識潘懷宗的朋友都相當佩服他的年輕有為，不僅早年就獲得博士學位，回國後更歷任陽明大學教授、儀器中心主任、副總務長、主任秘書，其間當選過國大代表，後來又選上台北市議員，可以說是典型的青年才俊。

在困苦環境中成長

一九六一年出生的潘懷宗，誕生地是台北市的三軍總醫院（當時的位置就在今天的和平醫院），上有一個姊姊，下有一個妹妹，一家五口。由於父親的工作是國家情報局汽車隊的駕駛員，屬低階軍官，收入微薄，母親為了補貼家用，在不得已的情形下只好去有錢人家當女傭。

那時，潘懷宗一家五口住在十六坪大的房子裡，這還是幸虧當時的陽明山管理局局長潘其武先生發現潘懷宗一家五口沒有房子可住，特別將日據時代少尉軍官的單身宿舍撥一間給他們全家人棲身。那時的房子均是用木板搭建，屋頂則是使用甘蔗渣壓製而成的天花板，只能避風，卻不能擋雨。儘管如此，這間小屋對潘懷宗一家而言，已經是上天莫大的恩惠。每到下大雨時，屋內便漏起小雨，必須用鍋子或盆子來接水，地板上每三、五步就會踢到鍋子或盆子，這些如今只能在電影情節中補捉到的鏡頭，卻是潘懷宗童年生活的最佳寫照。

小時候潘懷宗考試常考滿分，但總是忘了寫上名字。上了國中後，他是個貪玩的學生，靠著自己一點點小聰明，勉強在升學班內混個二十幾名，但因為家裡經濟狀況不好，如果沒有考上公立高中就會付不起學費。有一次在夜深人靜時，潘懷宗無意間聽到父母親為了他的前途而操心流淚，難過之餘，他下定決心努力念書，不願意再讓父母親操心。高中聯考放榜時，僥倖考上了台北市立復興高中。

高中三年潘懷宗都是乖乖牌，每天讀書到深夜，早上起來就背英文單字，先後得了許多獎學金。高中畢業後，考上東吳大學化學系。在大學期間，他不僅真正對科學研究產生興趣，也第一次興起了出國進修的念頭。

服完兵役後，潘懷宗在台大化學系擔任助教，有機會接觸到更多的學術資源，為了滿足不停湧現的求知欲望，出國念頭更加強烈。然而，對於從小出生在困苦環境的他而言，出國深造簡直遙不可及，不過在努力與堅持下，經過一年多的申請、考試及師長推薦，終於獲得美國喬治亞州艾默蕾大學的全額獎學金，接著在四處借貸湊足赴美機票和最初幾個月的生活費後，終於使留學之夢變成真實。

申請學校的幾點建議

回首這段申請學校的歷程，潘懷宗指出，學校與環境都必須考量，「要先自問：這所學校你能進得去嗎？申請學校不是你想去就能去的。」

他指出，其實出國留學光是在學校的申請上，就已經充滿了不確定性，首先是申請者本身的條件，例如托福、GRE（理科）、GMAT（商科）、GPA（在校成績），這些是第一順位的考量，而申請者的籌碼就是這麼多，因此在選擇上自然要捨去一些。申請者千萬要知道，最重要的是自己必須有實力，而且是能夠與全球學生競爭的實力，否則只能選擇不是排名第一順位的學校。

至於學校環境，想出國者必須考慮到當地的氣候自己能否適應？這個學校的校風適不適合自己？學校的軟硬體設備合乎自己的研究需求嗎？對於這些問題，申請者必須要自己下點功夫去尋求答案，上網搜尋、向老師請教、到補習班詢問，都是可以考慮的辦法。除了選擇，申請者自己也必須先做好心理建設，像是如果很怕冷，卻又申請到寒冷地方的學校，是否應該先鍛鍊並調理自己的生理情況，或者多買幾件保暖的衣物過去，先做好事前準備功夫，以免過去之後自亂陣腳，如果辦不到，就該在申請時堅定只去較暖和的地方留學。

潘懷宗指出，申請學校時，如果有親朋好友、學長、學姊住在學校當地，也可以當成選擇上的參考，畢竟出門在外有朋友相互照應，對於陌生環境一定可以比較快進入狀況，同時不僅可以增加彼此的感情，在費用上也可以因分擔而節省不少。他指出，尤其想出國的女學生，在安全上的考量更是重要。

直攻博士班挑戰龐大壓力

出國深造一直以來是潘懷宗夢寐以求的理想，現在終於實現，當然要把握這個值得全力以赴的難得機會；此外，長久以來追求神經科學奧秘的信念，也支撐著他獨自在外面對孤獨及壓力。雖然走來艱辛，困難重重，不過潘懷宗決定咬緊牙關，因為他知道不能再給家裡添負擔，也不能辜負台灣師長的苦心，因此他努力專研學術，希望以最優異的成績回饋給對他報予極深期望的父母及師長。

很多台灣學生可能不太清楚，美國大學在升學制度上與台灣不太一樣，在美國，醫科、理科、農科的學子通常都是直接念博士，很少像文科或商科的學子是先念碩士再念博士。因此潘懷宗當初是直接申請博士班，但這並不表示申請入學後就一定可以一直留在博士班，以潘懷宗所就讀的美國喬治亞州艾默蕾大學為例，學校會在第一年及第二年考核研究生的資格，審查研究生是否適合攻讀博士，如果教授一致認為某一名學生沒有資格，他就會被降到碩士班去繼續學業，而且這也不是說降到碩士班之後就可以馬上拿到碩士學位，還是必須將碩士班的學業完成才可取得學位，因此如果降到碩士班還不努力研讀，大有可能會被徹底開除學籍。

回國之後在陽明大學已經任教多年的潘懷宗說，相較於美國艾默蕾大學所採行的這種制度，台灣的大學則另有規定，如陽明大學規定大學部畢業生不可以直接念博士，必須先念完碩士才能再攻讀博士；但如果研究生在碩士班第一年的成績夠優秀，擠入前百分之二十，則可以取得直升博士班的資格，不過只是取得資格而已，最後是不是能夠通過，還是要經過教授的口試認可。

在美國對於博士的把關非常嚴格，因為出爐的博士會牽涉到學校與指導教授的日後名譽，如果這個新科博士表現不佳，指導教授臉上無光，學校的校譽也會受到影響。因此，博士的把關比起碩士還要嚴格許多，必須指導教授認為你已經有一定的程度，才可以拿到博士學位。

當時壓力之大，沒經歷過的人可能很難體會。回國後參選過好幾次公職選舉，在過程中面臨高度考驗的潘懷宗，回想起出國深造的那段時間，依然堅定認為：「那真是一個充滿挑戰，自我成長最快速的時期。因為有了那一段經歷，讓我在以後的人生道路上，不管碰到再大的困難、再大的挫折，都不會感到懼怕！」

一路奮鬥的潘懷宗說，在他努力的過程中，兩岸政治領導人蔣經國與毛澤東都是他學習的對象，因為他們兩人都有努力不懈、永不退縮的精神。他說，蔣經國在俄國留學期間，剛好遇上其父蔣中正在國內主導清黨（共產黨），因此也讓他被俄國視為可以用來威脅中國的人質。在那段時間，蔣經國當過礦夫、清潔工，還曾被派到苦寒的西伯利亞去勞改，在那人生地不熟、困苦惡劣的環境中，蔣經國反而養成了堅忍不拔的意志和刻苦耐勞習慣。至於毛澤東，原本軍隊少、裝備不精良，卻敢與蔣中正所帶領的強大國民黨軍隊抗衡，甚至一度潰退到陝西的窯洞裡，只剩下不到三千人的殘部，但毛澤東卻絲毫不放棄，愈戰愈勇，終於反敗為勝。潘懷宗強調說，雖然毛澤東提倡的共產主義是他所不能認同的，但他那份堅韌的耐力及永不放棄的精神，卻值得所有人學習。

他不無感慨的說：「現在的台灣研究生大部分都太好逸惡勞了，而且也太害怕

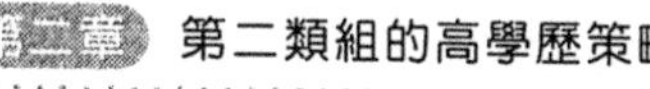

挑戰了，很多學生居然是因為這個理由而放棄出國留學。」

潘懷宗表示，現在的學生應該效仿這兩位歷史人物的精神，雖然前往異國求學總是艱辛困苦，不僅要與來自全世界各國的精英一較高下，而且多數人在經濟上還要開源節流，留學生身負著課業與經濟的雙重壓力，更應當擁有奮戰、永不退縮的精神，這樣才能戰勝環境、超越自我。「有心出國留學的人不必擔心，要知道向困難挑戰的能力與未來成功的機率絕對成正比！」潘懷宗侃侃而談，眼神充滿信心。

儘管關卡重重，而且參與競爭的同學都是來自全世界各國的優秀人才，潘懷宗還是順利通過直攻博士班的考驗，並在一九九〇年五月，順利披上艾默蕾大學博士學位袍，成為自己夢寐以求的神經化學博士。

在經濟困頓中體驗留學生活

出國留學免不了要耗費龐大費用，學費固然可觀，生活費也是一大考量，許多小康之家都負擔不起，這筆費用對於出生在困苦環境的潘懷宗來說，更可說是莫大的負擔。

為了爭一口氣，潘懷宗經過一番努力，打敗了來自全球學子的競爭，取得了全額獎學金，除了免繳學費之外，學校還提供每個月一千美元的生活費，這筆生活費扣除了住宿費、水電費等一般必要開銷後，省吃簡用還可以過活。這種優惠，可以說是所有學生都想爭取的一大福音，不過即使如此，潘懷宗還是得東拼西湊，才能湊出機票錢與頭幾個月的生活費。

現在很多學生不願意出國，主要的考量就是費用問題，特別因為這幾年經濟不景氣，更擔心申請不到獎學金。潘懷宗坦率指出：「那是因為申請者自己的競爭力太差，所以才無法爭取到獎學金。」他強調：「不要害怕挫折、不要害怕挑戰。有恆者，事竟成。只要有心追求自我理想，就該持續不斷去努力，最後才會成功，這一點一定要記住！」

留學時過慣了清貧生活的潘懷宗，直到今天已卓然有成，即使具有教授與台北市議員的身分，仍然時常身穿樸素上衣，搭配一件舊外套，絲豪沒有因為生活環境的改善，而忘了以前艱苦的環境。

親炙大師必須先做功課

在靠著獎學金與借貸克服了經費問題後，只是通過了第一關，接下來留學生還要專心面對學業的考驗。

很多學子在撰寫論文前，都會在心裡先選擇好自己未來的指導教授，但實際上並不見得會如自己所願，因為過程中充滿了許多不確定性，不是自己可以控制的。

潘懷宗回想：「念博士班時在選擇指導教授上的變化度很高，不是研究生自己能決定的。說實在，你其實沒有什麼選擇的空間。在研究所裡，熱門的指導教授都是炙手可熱的，你希望他成為你的指導教授，其他研究生也同樣希望，指導教授在這麼多的研究生當中，不一定會挑中你。如果第一順位失敗，再經過心中的第二、第三人選等的挑選，到最後其實是老師選你，而不是你選老師。」

選好指導教授，在課程的選擇上就要徵詢他的同意。「搞定了指導教授，你希望要選修的任何課程，都要經過指導教授的認同才可以去學習。指導教授有權力干涉研究生想選修的課程，也有義務告知你哪些課程是一定要學習，而哪些課程又對你現在是無用的。因為他們有這種權限，所以你的選擇不一定百分之百會被接納。」

指導教授介入研究生的課程選擇，好處是可以避免研究生選錯課，壞處則是可能限制研究生自己的選擇。因為學校的這種師生關係，使得指導教授的選擇與後續互動顯得更為重要。

走過這段歷程的潘懷宗歸納經驗說，要讓自己在老師與課程的選擇上多爭取一些空間的最好辦法，就是研究生自己要努力，讓指導教授對你留下非常好的印象。他認為，雖然在一些選擇上充滿了不確定性，但有些籌碼還是可以靠努力去爭取，從而掌握在自己手中，只要能夠認真學習，多與指導教授互動、交流、請益，就能保持一個良好的師生關係，不僅讓研究生在選擇指導教授上機會增大，也會讓研究生在學習之路上更順暢。

提出建議後，潘懷宗隨即輕嘆一口氣：「不認真、不努力，偏偏是現在台灣學生最糟糕的一件事。其實念書沒有什麼捷徑可走，就是要一步一腳印，踏踏實實的去學習，不認真的學習只會造成自己的競爭力下降。」

在論文撰寫上，潘懷宗針對博士提出了一個高標準，他強調：「**博士是要先讀十萬冊書籍，這樣才有靈感去思考問題。**」他說，從「博」字上面看去，博士就是要能淵博、深廣、豐富的意思，因此一篇好的博士論文，當然必須仰賴研究生的平日閱讀，因為經由閱讀才能激發出靈感及想法，而且讀的東西越多，才會越深入問題的核心，也才能撰寫出一篇品質良好的學位論文。

除了在自己的研究領域中多多閱讀，很多研究生都知道，與指導教授的互動交流也很重要。時常與指導教授對談，討論書本、期刊、雜誌裡的知識，或是交換彼此的意見，深入去討論某個問題，其實對於教授與自己都有極大的幫助。此外，潘懷宗還指出：只與自己的指導教授交流還是不夠的，研究生必須爭取機會去與這個領域裡的大師對談，這樣才可以獲得更多寶貴意見及更多不同想法與靈感。他建議：

「你必須去拜訪其他大師，從他們那邊獲取更多的知識。」

美國不僅是世界強權，在大師的數量上也領先許多國家，研究生有更多機會能夠近距離接觸大師，這可說是留學美國的好處之一。由於學術研究是公開的，知識不會被隱藏起來，因此只要約訪的時間許可，大師都不會吝於對研究生提供意見。相對有許多大師可以請教，研究生在出發請益之前，也必須先對問題有深入的了解，而不是過去問一些摸不著邊際的問題。研究生必須先做功課，也就是多多閱讀，多多思考，最好有自己的想法及看法，再去向大師請益，在訪談中他們可以幫你解決真正不懂的問題，或是你自己的獨特創見是否可以發展出來，是不是正確的思考方向，與大師做一個良性互動，讓彼此因為這個拜訪而能教學相長。

潘懷宗指出，在拜訪大師的過程中，大師很可能會好意對你說：「我知道在這個領域中，還有某某大師另有不同的研究見解，你也可以去拜訪他、向他請教，這樣或許能得到更多、更詳盡的答案。」那麼透過這位大師的推薦，就可以知道還有其他大師在這方面擁有深厚的功力，然後再去請益。就在這一來一往的交流互動過程中，研究生就可以吸取許多大師的寶貴知識，並且與他們相互激盪出更多火花。

離開學術象牙塔走入政治圈

留美歸國之後，潘懷宗順利進入陽明大學教書，在學術圈發展順利，把學到的神經化學知識應用到醫學與藥理研究上，獲得許多研究成果，因此儘管還很年輕，就已經從副教授升等為教授，其間還擔任過學校的許多重要行政主管職務。

就在這一帆風順當中，潘懷宗卻毅然決然投入政治圈，先後當選過國大代表與台北市議員。很多人對他的轉換跑道可能會覺得奇怪，在陽明大學教授當得好好的，在社會上受人敬重，收入也相當優渥，為什麼突然放棄優渥的教授退休金而轉換跑道去複雜的政治圈？

對於這些時常遇到的疑問，潘懷宗絲毫不認為有什麼轉換跑道的問題，因為在他的觀念裡，學校最重要的任務是培養學生的良好人格，其他技能只不過是次要的訓練而已。他說，追求更高深的學問固然很重要，但人不該忘了根本，如果將學到的專業技能應用在不對的地方，甚至去危害他人，那麼就算在研究所學到任何重要的技能都是枉費。

對於自己的選擇投身政治，潘懷宗提出了一個意義深遠的解釋：「比如說盲腸開刀的技術，我們可以從街上隨便找十個人來，觀察之後再挑選其中比較優秀的五個人出來，訓練他們學習盲腸開刀，只要三個月之後，每個人都能學會。這些人和醫學院畢業的醫生有什麼不一樣呢？所以研究所裡所培養出來的學生，技術層面是其次的，最重要的是人格塑造，因此在養成教育中，醫學高材生必須具有『仁心仁術』。我的意思就是，一個人只要有了『仁心仁術』，放在任何地方都是一樣的，因此沒有轉換跑道的問題。」

因在陽明大學任教，常有機會跟醫學院接觸，潘懷宗解釋，醫學院的學生如果只有醫學技能，卻沒有一顆體諒病人的心，只是徒有「仁術」而無「仁心」。但是「仁心」其實比「仁術」更重要，因為醫生如果沒有慈愛之心，只想著如何賺錢，就很可能因為個人欲望而走入歧途。

潘懷宗指著自己說，從事醫學相關研究的人，並不表示他以後一定要從事醫學相關的工作，而是可以多元化發展。他自己之所以選擇從政，就是為了要幫更多的人民發聲，這也是因為他具有一顆仁愛之心，而且藉由參政的方式去關懷這個社會、這個國家，更可以利用自己在醫學方面的技能，從政治面去解決社會的問題，像是醫療、環保、教育、科技等方面的政策與弊端。

對有意追求高學歷者的建議

有鑒於越來越多大學生在趨勢的引領之下，甚至會未經思考就先選擇追求高學歷，潘懷宗提醒大學生：「先想一想為什麼研究所要叫研究所。」他說，報考研究所應該是基於對某一方面的領域有好奇心，想要去探究問題的真正核心，可惜目前在台灣常是文憑領導就業，大部分人都認為要有一張好文憑才能找到好工作，因此先下定決心就是要考研究所，卻不知道自己到底想要研究什麼問題。

如果只想要文憑以便就業的人不是真正適合進研究所的人，那麼什麼人適合報考碩士班、甚至博士班研究所呢？對此，潘懷宗給了一個斬釘截鐵的答案：「要有心、想要去突破、釐清問題。」他認為想要念研究所的學子應該要有這樣的一份心，否則如果目標只是在那紙文憑，多半不會認真花精神在專研問題上，如此一來，花了那麼多的時間與金錢，得來的將只是一個空有虛殼的文憑。

「這種文憑對於未來的工作有多少幫助呢？」潘懷宗語重心長的提出質疑。仔細想想潘懷宗的說法，其實不難理解，在社會分工越來越精細、競爭也日趨激烈的今天，任何人如果有心要繼續往更專業的領域邁進，長遠來看，確實不是只靠一張文憑就可以護航到底，而是要真有專業的知識與技能。文憑只是在找工作時有加分效果，實際進入職場之後，能力才是決定性的最後關鍵。

從這個角度來看，不只報考研究所，其實念書都不應該只是為了文憑，因此要利用寶貴的學習時間多充實自己的能力，培養宏觀的視野，拓展良好的人際關係，而且這些付出對於未來的生涯發展一定都會有實際幫助。

「念書是為了自己，而不是要去欺騙自己，如果為了自己的將來而想要考研究所固然很好，但是當想要繼續往更高深的學問去進行研究時，請先想清楚自己的目的為何。」潘懷宗希望想報考碩士班與博士班研究所的人，不管是否繼續深造，一定不能忘了念書的根本價值，這個價值就是要為這個社會盡一份心力，因此把在學校學到的技能，與自己關懷民眾的心相結合，才能在邁向更高深學習的路上獲得最大收穫。

第三章

三四類組的高學歷策略

無懼解剖鑽研營養學奧妙

郭家芬博士的專注

郭家芬博士

最高學歷　美國普渡大學營養生化學博士

現　　職　實踐大學食品營養與保健生技系助理教授

主要經歷　中央研究院生物農業所博士後研究
美國印第安那大學醫學院博士後研究

熱愛動物的郭家芬眼神閃亮，充滿活力。

對很多人來說，女生應該要念文科或會計、企管才對，但是外貌出眾、常上電視節目接受訪問的年輕博士郭家芬卻自有想法。她有別於一般女生，從大學時代就選擇了跟動物為伍。

高中就讀北一女時期，郭家芬便對於自然科學十分感興趣，她說：「當初我的社會科學成績雖然比自然科學的成績好，但是差距不太大，兩者成績還算滿勻稱，而且因為不愛死背書，因此毅然選擇自然組。」

選擇台大畜牧的女生

說起選系過程，郭家芬也十分與眾不同。在高三時成績優異，原本可就讀醫學院的她，因為本身熱愛動物，特別是喜愛大型動物，而非一般小女生喜歡的小動物，因此她便選擇了台大畜牧系為第一志願。說到這裡，郭家芬的眼神閃亮，充滿了活力，談笑間不難感覺到她對動物的那份熱愛與興趣。

在她就讀台大畜牧系的同時，除了畜牧課程，她要讀的功課還包括肉品加工、食品營養等專業課程，因為她對動物的喜愛不只是豢養作伴而已，更看重動物的營養需求。大三那一年，郭家芬發現自己對營養學十分有興趣，於是在升大四後，選擇進入家禽營養研究室做學士論文。

身為現代女性，只怕十個裡面有九個半都會愛美，希望自己整天都能打扮得漂漂亮亮，最起碼要穿著整齊、乾淨。郭家芬也不例外，但為了學士論文，她卻必須每天遊走在雞舍之間，養著三十五隻雞和三十五隻鴨，而且每天都必須清洗雞寮與鴨舍，除了難聞的臭味，還有一大堆雞屎鴨糞要打掃，其中的辛苦只怕不是一般人所能想像。

留學美國一待十年

從台大畢業後，郭家芬並沒有多想為什麼要繼續念研究所，只是因著一股求知的欲望，促使她繼續求學深造。

郭家芬的英文成績一向傑出，上了大學後還繼續進步，這都要歸功於台大老師的教學嚴格。回憶在上動物營養學這一門課的情景，現在已經身為人師的她露出靦腆笑容說：「可能是當時老師嚴格又有點兇的緣故，所以特別努力讀原文書，必須要自力自強，就算再怎麼難，還是要把原文書弄懂，絕不買中文翻譯書，就這麼看著看著，就對英文看出了興趣。」紮實的英文能力，讓郭家芬更有出國留學的優勢。

在那個時代，台大學生之間普遍流行這麼一句話：「來來來，來台大；去去去，去美國。」因此說到升學，台大學生的目標主要都在美國。雖然想出國，但因為礙於家裡的經濟條件，郭家芬自覺沒有資格像同學一樣出國念書。如果不是家人大力支持，她可能就會放棄這場出國留學的美夢。

郭家芬回憶當時父親對她所說的話：「如果妳有能力念，我就會盡我所能讓妳出國念書。」也因為有了父親這句話，郭家芬在一九八九年的九月三日，從台灣搭機飛到美國的密西根州，進入密西根州立大學（Michigan State University），在讀了一學期後，又因為個人因素而轉讀密西根大學（University of Michigan）。

回想出國之時，郭家芬從沒想到會在美國一待就是整整十年（從一九八九年九月三日到一九九九年九月二日），其中只回來台灣幾次而已。這十年間，她讓自己徹底融入美國社會，學習以英文思考，以西方觀點看世界。

回到台灣，郭家芬直接到實踐大學任教。很多人看到郭家芬都會覺得眼熟，因為她平常除了喜愛的學術工作外，也是公眾人物，常常接受電視節目採訪，針對正確的營養觀念進行宣導；除此之外，興趣廣泛的郭家芬還有一項獨特的才能：主持大型活動。在美國念書時，有一年郭家芬代表普渡大學（Purdue University）參加全美研究生論文口試比賽，她笑著說：「比賽前兩天，我一個人在加州旅館的房間裡閉關，反覆練習。到了上場那一刻，實在是好緊張，但我告訴自己一定要贏，自己努力應該可以做到。沒想到原先的緊張在上台之後即消失一空，而且站在講台上的感覺非常好。當下，我就知道自己也是適合吃舞台飯的。」現今郭家芬常常擔任各項校內及校外民間或政黨團體重大活動的主持人，並應邀至各社團進行健康管理專業演講。

申請學校與科系的考量

對於出國留學，習慣照順序填寫志願的台灣學生最感到好奇的事，或許是學校與科系的選擇。已經學成歸國的郭家芬笑著說：「當時實在也沒有什麼人告訴自己該怎麼做，例如怎麼去申請學校或是選擇科系，自己其實也糊裏糊塗的，心想自己對生物、化學及營養學都很有興趣，就開始四處去尋找資料，然後去考GRE與托福，最後就寄資料到美國去申請學校。當時我沒有去找代辦中心，因為代辦中心通常不會有你預期的那麼好，而且收費不低。」她認為申請學校要有周詳的計畫，及早進行。

郭家芬建議有心出國念書的學生：「如果預計在大四畢業後出國，那麼在大三下學期時就要開始參加各項英語能力測試，應該要多花些時間準備，至少一年半的時間，利用現今的方便資訊管道，像是網路，去查出適合自己的領域以及合適的學校，然後再看師資。」對於學校的申請方式，郭家芬也有她的建議。她認為選填學校時應該量力而為，選擇大約六到八所學校去申請。在抉擇時最好是依照實力選填適合的學校，再以這所學校為中間的基礎，往前與往後挑一、兩間好一點及差一點的學校，這樣較差的也可填一到兩所當作後補，對於較好的學校也試一、兩所，但是千萬別好高騖遠。在這段時間可以準備托福考試，如果有心補GRE或是GMAT也要盡早開始，因為美國的學制與台灣不同，其申請時間都在一月底截止，所以有心想出國留學的人，對於這一方面可要多加小心留意！

根據郭家芬的經驗，申請美國研究所應該注意的除了成績之外還是成績，至於申請者參加過多少學校社團，其實一點也不重要。即使是申請國內研究所，社團活動都不該是申請資料中的重點，更別說是對於那些不了解台灣風土民情的外國學校，千萬別指望他們會對台灣的社團有多少了解。她說，如果夠幸運，在大一就已經思考這些問題並且看到這篇文章，不妨立刻就開始好好為自己的出國留學之路做個準備。

申請國外研究所除了成績單，還要撰寫自傳並準備推薦信。在準備自傳的部分，郭家芬建議不要寫太長，精簡為要，最好不超過兩頁，並且不要亂七八糟猛記流水帳，例如不要從高中時期開始寫起，一直細述自己的大學生活與一大堆人生規畫。在自傳中只要寫出過去主要經歷以及對未來生涯規畫的想法就可以了。最重要的一點是要有自信，不要在言談中低聲下氣求人家讓你入學，而要拿出充分的自信，表現出你的入學會為學校帶來更多榮譽；但是，又不能寫的太過傲慢，要有自信而不自傲。自傳的編排要看起來清爽又美觀。

在推薦信部分，很多學生常常在時間快到的時候才匆匆忙忙去找老師，而且兩三天就急著要拿到推薦信。郭家芬建議申請者要給推薦老師充分的時間，最好在三個禮拜左右，並且提供自己完整的資料，例如在校成績、獨特的優異表現等等。

將書面資料準備齊全後，切記要看清楚你所申請學校的規定：該將資料寄到哪裡、申請合格的門檻等等，都應弄得一清二楚，才不會發生錯誤，結果白忙一場。

從碩士到博士的曲折發展

郭家芬回憶起剛踏入異鄉時的密西根州立大學歲月，「那時我的英文閱讀雖好，但在表達上並不是非常流利。就讀一個學期後申請轉入密西根大學，在那裡順利獲得營養生化碩士的學位。」雖然前後兩所學校的名稱類似，但比較起來，密西根大學就像是耶魯、哈佛大學一般，在美國屬於頂尖學校。

在這個新校園裡，郭家芬獲取了許多寶貴知識，因為這所學校包括的學院非常廣泛，有法學院、醫學院、公共衛生學院、社會學院、文學院、音樂學院和管理學院，校地也非常寬廣，裡面甚至還有自然科學博物館和藝術博物館兩座博物館，這一切比起台灣的大學明顯有著截然不同的氣度和風範。身處其中，讓郭家芬不僅學到專業上的知識，而且也透過外國大學的全人培養，得到更多國際觀與遼闊的人生視野。郭家芬在學校一直不斷自我充實，除了上課，還聽過四個諾貝爾大師的演講、參與多場國際會議，從中去細細感受、體會和學習。

回想起碩士生涯，郭家芬有過輝煌，也有些許遺憾。她在密西根大學（University of Michigan）就讀的是公共衛生（Public Health）學院，名列美國公共衛生領域前三名。密西根大學每年都有撰寫研究計畫的比賽，主要參賽對象是博士班學生，但郭家芬就讀的系裏當時恰巧沒有博士班學生，她因此有了參與這次論文比賽的機會。由於當時的競爭者都是各學院的博士班研究生，郭家芬卻只是碩士班研究生，儘管可以參賽，老師卻不看好。在這種情形下，她靠著自己的努力，最後順利在這場比賽中獲得最高獎金兩千五百美元，折合當時的新台幣將近十萬元！

對郭家芬而言，豐厚獎金固然很可觀，但自己的研究能力獲得肯定才真是一項莫大的鼓勵。她利用這筆可觀的獎金，自己進行了一個天竺鼠實驗，但最後卻因為不知道發表論文的重要性而沒有發表。事後回想，這可說是她當時最大的遺憾。儘管在做實驗的過程中，由於還處在研究的初期階段，全憑自己摸索，偶爾難免會犯一些小錯誤，但整體而言，當時的研究成果還是具有學術價值的。

「可惜的是，當我回到台灣時才發現，原來發表著作有多麼重要，而我卻錯過了太多的寶貴機會。」郭家芬娓娓道來，語重心長。

有了這次遺憾的經歷，郭家芬有感而發勸告現今的研究生，除了要多做研究，還應該多多發表有關自己的實驗研究，有機會也要多參與各學術單位舉辦的論文比賽。她的一名大學部學生在參加國科會論文比賽中得獎，她為此感到十分欣慰與驕傲。

在碩士班求學期間，郭家芬的學業表現一直相當優異、亮眼。獲得碩士那一年，她原本取得了哈佛大學的入學許可，並榮獲獎學金，正想前往就讀，卻不巧遇上當時美國經濟不景氣，哈佛大學決定將提供給外國學生的獎學金延後一年。由於這個新發生的變化，郭家芬在經過一番考量之後，基於現實經濟因素，只好放棄了大名鼎鼎的哈佛大學，決定前往願意提供全額獎學金的另一所頂尖學府就讀博士班，這就是位於印第安那州的普渡大學。一九九六年，郭家芬順利獲得普渡大學的營養生化博士學位，開創另一個新的里程碑。

博士班生涯教學相長

所謂「全額獎學金」，就是學校幫學生支付學費，另外每個月又依照各個科系的情況，再提供八百到一千美元不等的生活費。獲得這筆獎學金的人必須幫指導教授做一個禮拜二十小時的研究，也就是所謂 half-time（半職）。做實驗拿獎學金的人被稱為 RA（研究助理，Research Assistant）。如果遇上指導教授也就是研究生口中所謂的「老闆」雖有實驗但經費卻不夠找研究生幫忙時，也可以尋找去當TA

（教學助理，Teaching Assistant）的機會。不過因為當ＴＡ必須排課帶大學部學生實驗課的班，因此想要爭取當ＴＡ的研究生，英文必須要能溝通流利才行。

「其實帶課也是很好的學習，不但可以教學相長，也可以練習英文。記得當時第一次去帶一個班在電腦教室做營養分析，心裡很緊張，居然連要按哪一個鍵都說不出來。」郭家芬回想起當時的窘況，連自己都忍不住爆出一陣哈哈大笑，「現在想想，其實對於英文只要踏出去第一步，敢講就好了。」她笑完不忘補充說明。

留學的獎學金方式很多，除了前述的半職獎學金以外，也有quarter-time（四分之一時間），也就是half-time的一半獎學金和工作時間，每個月所獲得的獎學金大約是四百到五百美元左右。

在博士班這五年，郭家芬自己最喜愛的經驗就是ＴＡ。因為本身非常喜愛教學，在這段過程中她曾經到生化系去教書，雖然她是食品營養系的博士生，但因為她的語言能力獲得肯定而得到這份工作，因此每個月又多了兩百美元的收入。在當ＴＡ的那段期間，她發覺台灣學生與外國學生最大不同在於：外國學生比較用功又按部就班，且有完整的教育系統，而台灣學生卻比較取巧；此外，台灣常常把三學分的課連在一起上，這樣不僅會造成學生的壓力，也使得老師在準備教材方面有極大的負擔。在國外，像是普渡大學，都是逐時分開將課程上完，這樣對老師和學生都比較有助益。

解剖動物難免要動刀槍

由於在普渡大學主攻生命科學，有許多場合都要進行動物實驗，免不了要動刀動劍，有些時候還得使用「虎頭鍘」伺候一些「鼠輩」。郭家芬以過來人經驗說，這時千萬不要覺得不忍心，因為這是為了學術研究，可以說是萬分不得已。

郭家芬最主要的學術訓練是生物化學。從大學起，她使用過的實驗動物不計其數，涵括了雞、鴨、牛、羊、豬及大量的大鼠與小鼠。曾經半年之間就因實驗需要宰殺十五頭豬。穿著風格不像教授的她以平常口吻說，由於每一次研究目的都不同，因此犧牲動物的方式也不同。她進一步補充：「如果為了取大量老鼠的血做研究，就必須一手抓著鼠頭，使用虎頭鍘『心狠手辣』地快速將鼠頭砍下，在第一時間使用器皿接住血；有時則要先麻醉動物，因為要進行開腸破肚的大手術。這些工作通常沒有幫手，因為當時在實驗室的一切都必須靠自己一人完成。」言談中她完全從學術角度去看待這些事，並不因為自己身為女性而有所怯步。

郭家芬不忘打趣說：「每次說起這些，都會嚇跑許多人，大概是因為這個原因，沒什麼人敢追我。」說完又是一陣哈哈大笑，她得意的說：「現在我已經升級了，我的學生還組了殺鼠夢幻隊，彼此可以分工合作。」

拿到博士學位後，郭家芬在博士後研究那一年，有幸參與了世界知名的默克（Merk）藥廠正進行中的抗胰臟癌藥物研發工作。那一年她用癌細胞做實驗，從那時開始接觸到分子生物，讓她感到十分有趣。然而藥物研發的過程必須經過非常長的時間，剛開始是從細胞實驗到做假設機制的成立，然後是幾年的動物實驗，再來是人體臨床實驗，總共三個時期，最後才是核准，前前後後總共要花十年以上的時間。因為個人因素，郭家芬只做了一年研究即離職，至今仍遺憾未能完成整個研究計畫，不過後來得知默克藥廠終於成功研發出此抗癌藥物，她還是感到與有榮焉。

語文不好也要融入當地生活

在國外念書，其實最難的就是要融入當地的生活。很多留學生因為在這方面適應不良，因此產生嚴重的生活壓力，出現所謂的文化衝擊（culture shock）。

在做博士後研究的那幾年，郭家芬有機會置身於一個全是白人的環境裡，甚至還曾經遇上一位有種族歧視的系主任。為了要融入美國人的談話與生活，剛開始她先藉由電視劇了解他們的文化與世界；藉由對於劇情的討論，讓她交到不少好友，也幫助她增加語文能力，甚至學到精髓又道地的英文會話。郭家芬說，她回想起與當地白人學生一起生活最有趣的經驗是，因為交了一群學校的好哥們，從他們嘴裡學到不少男生「把美眉」的當地俚語，讓她增加不少見聞。在普渡大學念書時還結交了一位年紀大到可以做她母親的好朋友，至今仍以e-amil和電話維持彼此的情誼。甚至連學校的工友都成為她的莫逆之交，她每每藉著倒垃圾的機會，不斷與對方練習英文會話。

由於融入良好，就連自己飲食習慣也有所改變，例如中午吃的便當就改為美國人習慣的三明治；除了飲食改變，郭家芬在留學時期還因為喜愛而養成了運動習慣。曾經想過要考有氧舞蹈教練執照的郭家芬笑著說：「在國外的十年，我愛上了運動。」這是因為美國這個國家十分熱愛運動，隨時隨地想要運動都沒問題；加上美國中西部的運動場多半在室內，所以即使是冬天也不怕冷，如此持之以恆，想愛上運動一點都不難。熱愛運動的她，除了有氧舞蹈，對於網球也有不錯的實力，曾經很認真請教過網球教練，下過一番苦工。

選擇一輩子的良師益友

郭家芬與學校老師關係一向非常良好，至今每到教師節，還是不忘獻上她的關心與祝福。因為不管時空怎麼轉變，她對老師的情誼總是不變，時時心存感激。

郭家芬舉例，在台大時期，對她身教影響最深的是沈添富教授。大四那年，郭家芬選擇進入家禽營養研究室做學士論文，沈添富教授不時關心她，有時雞、鴨舍有些髒亂，沈教授甚至還會親自動手打掃。

郭家芬回憶：「沈添富教授治學十分嚴謹，因此要求學生必須從最基本的功課做起，像是養雞和鴨的飼料，絕對不能買現成品，甚至調配飼料時，連裡頭的玉米粉，也都必須由玉米粒開始慢慢的去磨成粉，每個過程都必須由學生親自完成調配。回想起那段時光，雖說辛苦卻也值得，因為每個步驟都做得紮實，這對於日後的研究幫助很大。」郭家芬滿心感謝沈添富老師對自己日後發展的影響，她從台大畢業後不久，沈添富教授即就任台大農學院院長。

另一位在大學時期對郭家芬身教影響深遠的老師是台灣的育種大師馬春祥教授。馬教授教導郭家芬要以科學方法和實事求是精神，預做準備來處理所有事物，影響所及，讓郭家芬後來連開車到不熟的地方時，也會利用科學的方法，將相關地圖都查清楚才出門。馬春祥教授富有典型學者的氣度與風範，在教室中遇上活潑外向、總是喜歡在課堂上發問的郭家芬，形成課堂上的有趣畫面。雖然馬老師為人嚴謹，卻也樂於回答學生的問題，因此郭家芬與馬教授之間建立起良好的互動，彼此間產生很好的師生情誼。流風所至，現今在實踐大學教書的郭家芬也特別重視她和學生之間的良好互動。

即使到了國外，郭家芬也依舊與各個老師建立深厚情誼，對她來說，美國教授同樣可以是良師益友。「記得當時還是冬天，我在密西根州立大學的指導教授 Dr. Bennick 還特地親自開車載著我，足足花了一個小時的車程，才抵達要轉學的密西根大學。」郭家芬說。

在密西根大學的那一年，郭家芬的指導教授是蔡仲弘博士。蔡老師是台灣人，郭家芬笑著自嘲：「這真的很糟糕！因為台灣話進步得比較多，英文反而進步得比較少。」郭家芬跟蔡老師互動良好，至今還常以 e-mail 或電話和遠在美國的蔡老師討論研究上或生活上所遇到的問題。

到普渡大學後，郭家芬遇上了大她九歲而且能坦率相處的指導教授 Dr. Jay Bur-

gess。她說：「記得有一次在實驗室因故和 Dr. Burgess 起爭執，但事後彼此都能不記恨。」還有一次遭同儕誣陷，幸而有 Dr. Burgess 的力挺和信任，「要不是指導教授的力挺，我差點就撐不下去。」郭家芬回台後在實踐大學舉辦「過動兒國際研討會」，Dr. Burgess 也不計酬勞遠從美國來台支持。雖然回台灣五年了，郭家芬還是定期向 Dr. Burgess 報告她在台灣的點點滴滴。郭家芬提醒現今的研究生，一定要發自內心感激指導教授的栽培，並與指導教授維持好關係，「除了父母之外，最重要的就是老師了。」郭家芬再次強調。

對於研究生的誠懇建議

郭家芬對於正在就讀研究所的學生提出幾項誠懇建議。首先，在學期間不妨試著多進行一些論文發表，這將會對未來的求職與進修生涯都有很大的幫助。

其次，應該多修一些課。很多大學生都抱著學分修剛好、能畢業就好的心態，其實應該多修點學分，特別是研究生。除了在實驗室的時間外，應該要多上一點課，因為課修多了，相關的科目也就能觸類旁通。她當上老師以後發現許多台灣的學生都把在實驗室以外的時間花在聊天打屁、看漫畫書上，實在有點可惜。

第三，多花一些時間讀英文。很多學生總是問她如何學英文，但自己卻不肯多花一點時間在學習英文上，所以才會在原地打轉。她有感而發的說，在美國時發現，來自對岸北京大學、復旦大學的許多優秀學生，總是非常勤奮，早上五點就在校園內苦念英文，反觀台灣的學生，似乎還有很大的努力空間。

目前能說一口流利英文，而且還出版生活化英語有聲字典的郭家芬以自身經歷指出，語文能力並非生來就具備，還沒有出國前，她也和多數學生一樣在英文溝通上表現不好；到了外國求學後，她總是不放過任何一個學習英文的機會，像在普渡大學的圖書館有一套完整的錄音設備，能將每一堂課同步收音，因此她總是在下課時，跑到圖書館去複製一份錄音帶，帶回宿舍去反覆聽，學習最道地的美國腔和最典雅、嚴謹的英文用詞。正由於對英文的執著與用心，郭家芬在一九九四年念博士班時才能過關斬將，獲得全美研究生論文口試比賽第一名，為普渡大學帶來從未有的光榮記錄。

郭家芬特別提醒正想要出國攻讀碩、博士的學生，在國外除了要記得用功念書，對於台灣的一些發展也要密切注意。像她是在一九九六年獲得博士學位，然後又在美國多留三年，把握博士後研究等很多寶貴的學習機會。沒想到台灣的大學法在一九九七年時有了修改，把原本的教授、副教授兩級制，改成教授、副教授、助理教授三級制，在那之前獲得博士學位並且開始任教者可以直接擔任副教授，但在那之後獲得博士學位或開始任教者則要先當助理教授。郭家芬笑著說，她目前是助理教授，但如果當初她一拿到博士學位就回到台灣任教，現在就是副教授了。她想一想又很認真的說，回想起來，在美國那些博士後研究的經歷還是很有價值，所以如果當時就知道有這種情況，搞不好反而會變得難以取捨、左右為難，因此換個角度想也未必不好。

一路到底全是台大心理學

唐大崙博士的堅持

唐大崙

最高學歷　國立台灣大學心理學博士

現　　職　中國文化大學大傳系助理教授
中國文化大學資訊傳播研究所
兼任助理教授

主要經歷　實踐大學社會工作系兼任助理教授
警察大學刑事研究所碩士
論文口試委員
輔仁大學應用心理系兼任講師

唐大崙熱衷於鑽研人類視覺。

心理學博士看起來應該是什麼樣子？按照「公定」的想法，大概是穿著白色醫師袍，滿臉自信，眼神深邃，說話凌厲逼人，不但一眼就能看透人心，而且聊了幾句話已經知道對方心底在想什麼，甚至還能分析出各種不同心理狀態的成因。

唐大崙卻不是這樣的心理學博士。戴個大眼鏡，說話慢條斯理，經常一身輕便打扮的他，看起來就像印象中那種很用功的鄰家大哥哥。事實上，在學生心目中的唐大崙老師，確實也像是一個鄰家大哥哥，而且是一個既敦厚又隨和的大哥哥。

雖然唐大崙的外型與「公定」想法中的心理學博士不同，剛好透露了其實心理學的研究範圍遠比一般人所知道的寬廣；另一方面，雖然唐大崙看起來像是從小用功的好學生，但實際上他在大學以前的求學歷程卻有許多坎坷。

高中念五年的坎坷求學路

出生於台南，在單親家庭長大的唐大崙，早在高中時期就曾經因為家庭經濟因素，被迫休學一年去打工賺取學費。求學過程因有後顧之憂，使他的學業受到許多影響，大學聯考只考上東海大學的園藝景觀系，成績不如預期，因此自願留級一年準備重考。

由於幾十年來，台灣的中學生性向輔導都沒有真正落實，因此大多數高中生經常都是在不了解自己性向的情況下進入大學就讀，念了之後才發現自己喜歡或不喜歡。如此一來，不免造成在校園裡的學習與興趣脫鉤，而出社會之後的工作又與學習脫鉤，完全無法學以致用，浪費了許多寶貴的教育資源。

處在這樣的背景下，儘管唐大崙念了五年高中，對自己的性向卻還是不完全了解。當時他的想法跟一般人差不多，就是選校不選系，只要是台大都可以念，再加上高雄中學的學長也建議他要優先選校，所以第二次聯考擠上了台大金榜之後，就欣然前往就讀。

比較起很多念了才發現對自己科系不喜歡的學生，唐大崙的運氣還不錯，因為這一次他不但考上台大，而且進入的是心理系。剛開始還不完全了解什麼是心理學的他，很快就發現這是適合自己的領域。在台大心理系求學期間，唐大崙不只見識到心理學的多種面貌與個別精采，而且也培養出各種相關專業。這個時期他的學業成績在班上只屬於中等水準，但在數理方面的科目卻顯得特別突出。

為了賺取學費與生活費，頂著台大金字招牌的唐大崙進大學後就開始靠著家教打工；後來進入研究所，除了家教以外，同時還有每個月五千元的研究生獎助金可領，對生活費不無小補；即使進了博士班，前兩年仍然繼續當家教，堪稱頂級師資，直到開始進行研究計畫，有了研究津貼，才告別了多年的家教生活。

一班出了二十幾個博士

大四那年，唐大崙開始報考研究所。他說，由於台大學生念研究所是種普遍風氣，班上同學至少一半以上都決定要念研究所，甚至直接出國留學，很少人選擇就業，所以他也決定要考研究所。唐大崙提出一個驚人的數字說：「我們班的四十位同學，有二十多位都是博士。」他笑著說：「那時台大學生畢了業會去工作的，通常是家裡開大公司或是自己已經有了事業。」

年紀比其他同學略大的唐大崙因為畢業立即就有兵役的問題，所以不想先當兵的他只能在國內念研究所。他也曾經想過要出國深造，但這樣就不只有兵役問題，申請出國留學時還需要同時附上申請學生的財力證明，因此只好放棄。

唐大崙是在大四開始準備研究所的考試，完全以自修方式準備，沒有上補習班。他認為準備考試別無他法，就是以一種「蠻牛方式」硬幹苦讀，因此最好在大學時就要培養自我實力，他認為真正有心念書的人，對於同一個概念，應該多看幾本書，而不是抱著應付考試的心態只看一本教科書，尤其對於不懂之處，更要多翻閱相關書籍，直到了解為止。他舉例說，當初學統計時就研讀好幾本統計相關教科書，果然更能理解。自己已經是台大博士的他說，曾經遇到一個數學系的天才學生，數理能力非常好，他偷偷觀察這位天才，發現人家看書之廣旁人難以想像，也發現其實有些天才只是看書與理解力比一般人快，因此比別人更能吸收知識，所以才被看成天才。至於在研究所考試的應考技巧上，唐大崙認為以前考過的考古題很重要，所以當年特別蒐集了考古題，在考試的前半年就開始看題目自己練習。

在碩士班的入學口試上，主要是在考量學生的興趣與能力，是否符合研究所的需求。回顧當年，唐大崙自謙，真正厲害的同學多已出國，像他這種二等的同學留在國內考研究所，主要競爭對手就是同班同學，而許多同學都很厲害，因此競爭非常激烈。唐大崙不好意思的說，當時其他學校的學生想要考台大研究所可說是非常困難，因為台大所教的知識又廣又深，當年的台大學生從大一就被迫要看原文書，經歷了四年的訓練，程度自然提升許多；相對的，台大學生要去考私校則顯得較為容易，因為很多師資都是台大出來的，而且課程也不如台大來得廣泛深入。不過他認為現在的台大學生不一定還有這種優勢，主要因素是現在各大學的師資出現了異質性，而且私立大學的師資也不再只是來自台大，各校強調的研究重點不再相同，研究所入學考試的方向也不再一樣。

經過一番激烈競爭，唐大崙同時考上了台大、中正、中原三所學校的心理學研究所，因為考慮到自己對學術研究相當有興趣，而且台大的校風開明，所以最後選擇留在台大。他回憶說，當時台大心理所碩士班有將近一百個人報考，只錄取約十二、三人，錄取率已經算低，但是現在的報考人數又暴增了一倍，有將近兩百個人要報考，競爭更是激烈。

在台大心理系獲得了學士學位與碩士學位的唐大崙，有了更強烈的學術興趣，因此畢業之後就決定繼續報考博士班。當時在台灣念心理學博士的研究生很少，報考的人不多，只有不到十個人報名，錄取四人，唐大崙得以順利上榜。

唐大崙認為，台灣的一些博士班考試只是形式，主要還是希望能吸收研究方向符合本系需求的博士生，因此研究生能力反而不是審核最重要的考量。他指出一般國外的博士班都是用申請方式來招生，因為教授主要是在找尋學術研究上的合作夥伴，因此博士班的考試基本上還是與指導教授合作的默契問題，只要彼此胃口對了，學科成績不要差太多，應該就可以錄取，所以目前正在研究所攻讀碩士的研究生，如果有心在學術研究上更上一層樓，就要多注意這個基本的關鍵問題。

報考博士班必須準備自傳、研究計畫與推薦函等資料。唐大崙以自身經驗為例指出，很多研究生沒有搞清楚，自傳主要是記錄學習的經歷，而不是日常生活的雜記；至於研究計畫則是碩士論文的延伸。他表示自己的研究計畫撰寫，主要是發揮在碩士班時所受過的訓練。在推薦函的部分，則是應該找在碩士班時對自己最有印象的教授。唐大崙說，他因為擅長電腦，在攻讀碩士時就開始幫教授寫程式，因此與教授保持非常良好的關係。

自修精通電腦多一項有用技能

主攻心理學的唐大崙會成為教授的電腦程式設計師，說起來也是一頁有趣的傳奇，因為他的電腦學習之旅，一開始居然是因為具有「鄰居關係」。

唐大崙笑著說，台大心理系館與電機系館的距離很近，當年電機系常常舉辦研討會，讓在「隔壁」的他感染到了國際研討會的氣氛，由此體認到現代資訊進展的快速，所以念碩士班時常常跑去旁聽，所獲得的資訊與知識都有很大用處，因此可以靠著自修上手，很快進入這個專業領域，結果不但多了一門有用的技能，還順理成章成為自己系上少有的電腦人才，經常有機會幫教授撰寫電腦程式。

唐大崙認為，他會開始自修學電腦，其實也是受到學校風氣影響，由於台大的讀書風氣很盛，學生遇到問題時，常常都會依據學理自己找資料，思考答案，自問自答，而不是只會問老師，而班上同學也會互相討論最新的資訊，因此自我進修就成了台大人學習的一種常見方式與有效途徑。在這種風氣下自修學電腦有成的唐大崙相信，學習環境的氣氛真的非常重要。

台大研究生的良好自修風氣，當然會與上課講授構成相輔相成的效果，不過來自教授的傳授還是非常重要，特別針對工程浩大的學位論文而言更是如此。

唐大崙認為，指導教授可分為兩類，一類是實際指導的時間比較多，但研究資源比較少；另一類是研究資源豐富，擁有較多研究計畫與研究經費，但相對給予研究生的指導也會比較少。很多老師都會建議研究生找前一類老師擔任指導老師，這樣才有更多機會請益，不過強調自主學習的唐大崙卻另有看法，他建議研究生應該選擇擁有豐富資源的教授，因為這類教授通常比較忙碌，因此研究生必須更加主動學習，這樣自我收穫也會更多；反之，如果教授給予研究生太多的指導，研究生學到的經驗就會比較少。

當初唐大崙選擇的是一位研究資源比較多的老師，雖然老師實際教導的時間不多，但他也因此享有更多自由空間去學習感興趣的科目，因此他認為自我學習，多方嘗試，可以有效提升研究生的能力。

相對於自然科學與社會科學的兩級化，唐大崙認為心理學的主要特色就是橫跨自然學科與社會學科，研究範圍非常廣泛，特別是在台大心理系，因為系上的師資、課程、軟硬體設備各方面，都比其他學校更加完備，因此研究生可以選擇的論文題目也比較廣泛，他自己一開始就選擇偏向自然科學的研究方向，針對人類眼睛的視覺功能進行研究與分析，碩士論文題目是《從立體攫取與透明感現象，看單、雙眼形狀所扮演的角色》，博士論文題目則是《盲點填整的運作特性》，都是非常專業的主題，外行人乍看之下，可能還會以為這是醫學系而非心理學系的學位論文題目。

從構思到完成，唐大崙的碩士論文一共花了兩年時間，博士論文則大約寫了四、五年。雖然學位論文的撰寫看似曠日費時，但他認為由於自己一開始的規畫就很清楚，因此在撰寫過程中沒有多走冤枉路，而且這些時間對於有興趣的研究者來講不算什麼，「只要有經費、不缺錢，我還願意花更久的時間去做研究。」談到學術研究，唐大崙又流露出開心的笑容。

唐大崙指出，研究生在撰寫論文時，最容易誤犯以下兩點錯誤，最常見的就是方法的訓練不夠，如果指導教授沒有監督好研究方法，就容易在這個基礎功課上出現錯誤。第二為問錯問題，也就是所研究的議題並非真正存在的問題，只是個虛假問題，他認為如果論文題目是指導教授給的，出現這種錯誤的機率較低。

喜愛學術研究的唐大崙建議，**研究生的學位論文題目，可以從他人所討論的議題中去尋找，透過其中的爭論點去發現問題所在。**唐大崙自己的論文題目就是這麼來的；至於研究方法，唐大崙表示自己因為擅長統計與電腦程式，所以在研究方法上大多採用量化的研究方法，亦即使用程式設計、儀器操弄或統計等方法，至於質化研究則只占很少的部分。他強調採用什麼研究方法，沒有絕對的好壞，主要還是視研究問題與研究生的學術專長而定。他也建議正準備著手寫博士論文的研究生，如果是自然學科可以從實驗中找尋問題，只要具有創意，而且方法正確，一定可以寫出一本好品質的博士論文。

學習是人生最重要的歷程之一

儘管現在報考研究所的風氣很盛，但多數學生都是為了文憑而不是求知的目的。唐大崙認為，這種心態與研究所的創設目的不太符合，因為研究所主要是招收對研究有興趣的學生。他認為在研究所的進修中，文憑只是附帶產物，學習才是重點。

念了三年碩士班，六年博士班，唐大崙表示在他近十年的研究所生涯中，所學到的不只限於心理學而已，還獲得許多有用的知識，這是因為台大學風開放，所以他致力旁聽其他系所的課程，例如電機、經濟、數學等系。他認為旁聽他系的課程，對於自己研究所功課雖然沒有立即而明顯的幫助，不能馬上學以致用，但可以增加知識廣度、訓練邏輯思考，所以還是會有間接助益。他指出念博士班對個人的最大幫助，在於訓練自己有獨立思考的能力，這是任何其他場合無法提供的訓練，尤其對一位大學教授來講，研究與教學主要靠的是做研究的訓練與方法，因此在研究所時就要訓練做學問的功夫，這點非常重要。

目前從事教職工作的唐大崙坦承，自己對研究工作情有獨鍾，在進入大學教書之前，除了接過幾件程式開發的案子之外，一直沒有正式的工作經驗，而且未來如果有機會，還是希望能進研究中心，甚至不限於心理學的相關領域，只要是研究工作他都不排斥。說起研究工作，唐大崙又顯得眉飛色舞。

唐大崙博士的專業領域是「視覺心理學」與「認知心理學」，主要是探討視覺行為，例如人為何會產生錯覺、幻覺，研究人的視覺感受，以及大腦扮演什麼角色而影響行為等等。目前他正進一步從事關於色覺行為的研究，這是當前的一個爭議點，所以發展成為研究問題，也是他的研究興趣之一。

回首來時路，唐大崙認為非常值得，因為自己研究的內容都是跟人類有關的主題，而且可以知道過去所不知道的知識，每天都能有所成長。不過他也觀察發現，現在很多研究生都是只要文憑卻沒興趣做研究，雖然研究所的學歷對於個人在就業市場的競爭上，仍有一些幫助，不過，許多人都忽略了研究所文憑也有可能會出現壞處，就是心態上可能會無法「高成低就」，或是儘管心態上願意，但卻爭取不到低階工作。他說，如果真想要低就，或在一個不重視學歷的職場，乾脆就不要把最高學歷拿出來。他表示除非有非常好的工作職場，最高學歷才派得上用場。目前台灣有一些博士也會遇到求職困境，唐大崙分析說，博士找不到工作可能有兩項因素，一是自己不願「屈就」，二是自己沒工作卻不好意思講，因而失去了就業的機會。

對於現在正在進修的研究生，唐大崙建議應該把眼光看遠，要具有跨學科的能力，不過在此同時，也要避免在知識的汲取上「廣而不深」。

唐大崙說，以前很多人做純科學研究，但現在多半是應用科學，更出現了許多跨領域的科系，尤其目前有許多新興的研究所，開課科目並不純正，甚至研究領域也沒有清楚切割，他將這類企圖走在時代尖端，以應用為主的研究所稱為「綜合型研究所」。他說，目前國外的綜合型研究所都有一整套跨領域的學科整合方式，例如「大腦與認知科學系」會聘請心理、生理、數學與哲學等系的專任老師，每位教授各有專精，但是又能統合成一個科系，然後研究生依照個人興趣、專長或是研究方向，各自提出論文主題。

「綜合型研究所的研究生因為是在東拼西湊中學習，面對的也是更複雜的研究問題，因此更需要深厚與紮實的基礎學科訓練。」不過唐大崙也發現台灣的某些實際狀況卻不是如此，有些去念這一類型研究所的研究生，反而是因為在本科系的能力較弱才去報考。他建議研究生如果有意趕流行，報考綜合型研究所，至少應該加強一至兩門的基礎學科能力。

唐大崙表示，學歷是不是有用，不應該只從幫助就業的角度來看，必須從學習的角度來看；至於學習也不限於研究所，因為工作與學習是一體兩面，對有心者而言，工作就是種學習。唐大崙認為，學習是人生最重要的歷程之一，所以拋開學歷的求職用處不談，研究所的學習永遠具有其價值及重要性。

第四章 跨組升學的高學歷策略

放棄半導體走入社工領域

王雲東博士的奮鬥

王雲東博士

最高學歷　美國哥倫比亞大學社會工作暨社會政策博士

現　　職　國立台灣大學社工系助理教授
台北市政府市政顧問

主要經歷　東吳大學社會工作學系兼任助理教授
台北市社區大學人權教育巡迴講座講師
台北市政府勞工局身心障礙就業基金計畫審查委員

王雲東認為透過社工專業助人，可實現社會的公平與正義。

在台大校園裡，常會見到一位看起來面帶微笑、溫文儒雅、謙沖有禮、而且一貫西裝畢挺的年輕學者，這位默默為台灣社會工作付出心力的年輕學者，就是台大社工系助理教授王雲東。

王雲東外貌看似溫和，其實一路走來卻克服不少艱困無比的挑戰，其中最值得一提的，莫過於頂著留美社會工作學博士光環的他，大學念的科系竟然是第二類組的物理系。

放棄半導體，轉行念社工

當年念的是匯集全國精英的建國中學，王雲東以一個來自民風淳樸的屏東鄉下學生，在競爭激烈的環境中努力向學。與許多學生的觀念一樣，好像是書念得不好才會去念靠背誦取勝的第一類組，在建中成績優異的王雲東，自然應該選擇重視理解的第二類組，就這樣，他在大學聯考之後進入了理想中的第一志願：清華大學物理系。

然而，那個年代正是台灣社會大變動的時代：民國七十年代興起了所謂的學運世代，民國七十五年民進黨成立，七十六年解嚴，七十七年開放赴大陸探親，這一連串重大的社會變遷，使許許多多的社會問題浮上檯面。再加上那時的王雲東擔任學校的雙週刊社社長，得以接觸到更多社會層面，也讓王雲東深感台灣在這方面的人才缺乏，未來一定需要更多人力投入到社會問題與社會福利的相關領域，也因此讓他萌生了轉系（所）的念頭。

想要轉系，不只學校課業的難關不易克服，連家中的反應也不如預期中美好。王雲東的轉系念頭遭到父親強烈反對，父親認為王雲東在物理系念得很好，未來也很有前途，沒有必要投入一個完全陌生且未知的領域；他的父親還針對社會工作的性質告訴他：「社工或其他相關公益活動，可以在工作餘暇時再來參與，同樣都是為社會服務，沒有必要一定要拿學位，甚至把這個當作正職的工作。」

幾經思考，王雲東覺得父親的看法也不是完全沒有道理，於是仍然留在物理系就讀，並且在大三那年副修電機，以便全力準備未來的電機研究所考試。

經過一年攻讀電機相關課程之後，王雲東發現自己對電機越來越沒有興趣。雖然電機是當時所有理工科系學生的第一志願，同時他自己專長的半導體領域，眼看著即將成為台灣產業發展的主軸，但太長的時間待在實驗室裏與研究機械接觸、以及太多的「經驗法則」得不到解答，都讓王雲東覺得這和自己喜歡與人群接觸，以及遇事總愛追根究底的個性有所不同，也因此越來越認為電機不應該是自己一生事業的選擇。

經過多日長考之後，在大四上學期，王雲東作出了一生中學業、事業上的最重大決定：轉考社會學研究所社會工作組。在不到半年的準備時間裏，加上從來沒有修過任何一門社會學系或是社工系的課（因為清華大學當時沒有社會學系或社工系），王雲東憑著堅定的信念與「好運」，在眾人驚訝的目光中，以第二高分的成績應屆考入東吳大學社會學研究所社會工作組，也從此展開人生的另一段旅程。

回首這段艱辛的轉行過程，王雲東認為自己能堅持下定決心的理由有二：首先是台灣社會的大變動。當時的台灣正值社會發生巨大變動，民間蘊積已久的社會力開始爆發出來，有越來越多的人民與社會團體走上街頭與政府嗆聲，也有越來越多的社會問題浮上檯面。這種種發展都讓王雲東覺得台灣對社會問題與社會福利相關領域的專業人力有高度的「需求」，但當時的「供給」卻非常不足，因此投入此一就業市場，不但對社會有貢獻，對個人未來的發展也算是一種具前瞻性的「投資」，可謂利人利己。

其次是興趣的驅動。王雲東始終堅持一個理念：在多元化的社會中，進那一行其實都好，因為社會有多元的需求，因此不需要特別去和別人擠熱門行業。不過如果想要「事業成功」，就必須選擇自己有興趣的領域，因為有興趣才會投入、有興趣才能長久、有興趣才會忍住各種不愉快的時光（這是進那一行都會有的），也唯有有興趣才能衝破一切挑戰而成為該領域的翹楚。

在清大念書時擔任校內的校園記者、以至於後來接任社長，是王雲東發覺自己興趣所在的一個關鍵點。也因此他常常鼓勵同學有機會多參與社團活動，早日找到自己的興趣所在，及早全力投入。

社工系需要的人格特質

很多人以為社工系是什麼人都可以念的科系，不必具備獨特的人格特質。王雲東卻不這樣想，他認為，**想念社工的人第一要重視人的存在價值**。每個人都有他獨一無二的特質，也是這世上獨一無二的個體，如果你對人存在的價值不在乎、不重視，又如何能盡心盡力幫助社會上的人呢？**第二，要對人有興趣**。在社工這個領域，你時常會碰到一些讓你覺得很挫折的事情，因為很多牽涉到個人或群體的問題，要解決本來就不容易，如果沒有興趣在背後作支撐，實在是很難去克服各種大大小小的困難。**第三，要有喜歡打抱不平的正義感**。社工基本上是幫助社會上較弱勢的人群獲得基本權益的保障；也可說是透過社工專業助人的方法，來實現社會的公平與正義。因此要是沒有這份喜歡打抱不平的特質，似乎較難去發現在這社會上有哪些人群需要大家的關心與協助。

王雲東特別強調工作與興趣最好能相結合，他以自己為例，如果當時的他繼續攻讀物理或電機，那麼在如今以半導體為產業龍頭的時代，其物質上的報酬必定相當可觀；不過直到今日王雲東仍從未後悔轉行到社工領域來，因為這才是他自己的興趣所在。人生不完全為金錢而活，這是他的信念；從另外一個角度來想，每個人在職場工作的時間占據了我們人生的絕大部分，如果興趣與工作沒有相結合、只是為了錢而工作，那人生就過得太痛苦了，而且也沒有必要。尤其現今多數企業漸漸以外商管理模式來經營，如果抱著得過且過，沒有向自我挑戰的衝勁，很快便會被社會給淘汰，因此王雲東特別強調興趣要和工作相結合的重要性，如此才能促使自己不斷挑戰自我，活出自己的光彩。

除了興趣之外，生涯的規畫也必須考量到能力，如果對某一領域的工作很有興趣，就必須同步去充實自己在這方面的能力。以社工領域為例，除了透過校內課程增強自己的專業能力外，平時多閱覽報章雜誌、多聽演講、去相關機構參訪實習等都是培養與增強自己專業能力的好方法。此外，迅速掌握問題的核心也是從事社會工作所需具備的重要能力。王雲東建議想要考社工所或是未來有志於從事社會工作的同學，可以從聽專業人員的演講中訓練重點的掌握，因為演講者必須要在短短一到兩個小時內談完這個主題，所以說的一定是重點。在學校時與老師、演講者多討論，多發表自己的看法並參酌他人的意見，相信假以時日必可提升自己掌握問題核心的功力。

赴美攻讀社工博士

在東吳社研所畢業並且退伍之後，因為有感於自己專業知識仍嫌不足，王雲東決心出國深造。由於大學與研究所的成績不錯，他很幸運申請到當時社工專業排名全美第二的哥倫比亞大學社工學院，繼續攻讀社會工作暨社會政策博士學位，也展開另一段人生的學習旅程。在出國之前，他又以優異成績考上中山獎學金，因此更沒有經濟上的後顧之憂。

在學校的選擇上，王雲東認為專業領域的排名是很重要的。在台灣是以學校掛帥，而台大在眾多學校中排名第一，因此每個科系大都是以台大為第一。但在美國卻不是這麼回事，不一定每個科系都是哈佛最好，因此透過各個管道，了解自己想要就讀專業領域的各校排名是非常重要的。不妨上網查詢，去圖書館找資料，向學校老師或補習班詢問，都是不錯的方法。在申請學校時，通常不會只申請一家，因此同學可以在各方面都適合自己的學校裡挑選幾家來申請，像當地氣候、學雜費、是否有學長、姊等等，都應該列為考慮的因素。

王雲東選擇了在紐約的哥倫比亞大學，其中一項重要原因也是因為紐約號稱世界之都，在那裡可以接觸到來自各個不同國家與不同文化的人，讓自己的視野得以開闊。說到這個好處，王雲東眼睛跟著發亮：「在地下鐵的同一個車廂裡，你可以看到坐在你旁邊的兩個日本人正在用日語聊天，而對面的韓國人用韓語交談，斜靠在車廂的法國人則用法語聊天，這是一件多麼好玩的事啊！」在紐約，王雲東可以體會許許多多不同的異國文化，去學習他人的長處，也學習去包容、尊重他人的文化，讓自己的眼界大開：原來世界上有這麼多不同的聲音、不同的想法存在，對於提升自己的國際化和前瞻眼光絕對有非常大的幫助。

除了對紐約的嚮往，哥倫比亞大學社工學院有許多來自台灣的學長、姊可以提供協助。俗話說：「在家靠父母，出外靠朋友。」一個人隻身在異地，如果碰到困難沒有朋友相助，只靠自己去摸索解決，將會耗費很多時間與精力。像是生活方面：宿舍如何找？生活所需的物品如二手車、二手電視、二手桌椅要到哪裡買？諸如此類的問題，有朋友幫忙總是事半功倍。而在課業學習方面，各個指導教授的特性，以及學校要用的課本哪裡買等等，如果事前能得到充分的資訊，將會減少犯錯的機會，並節省許多寶貴的時間。

出國迎向自己的人生挑戰

從學習的觀點來看，台灣與美國同為比較傾向資本主義的國家，因此美國的經驗對台灣格外有參考價值。但因為美國的社會問題又比台灣更複雜，而且在社會工作領域的發展也比台灣久，舉凡論文資料、國家政策以及社工機構等，都有很多值得我們學習與借鏡的地方，因此能在這樣的環境裡學習，讓王雲東雖然倍感辛苦卻覺得很值得。

王雲東說，出國留學另外一項重大收穫是增強自己適應環境的能力。一個人孤身去到海外求學，凡事必須靠自己，不要期望會有人主動來照料你的生活起居，也不要期望有人會時時刻刻在身旁對你噓寒問暖；因此必須要養成獨立自主的性格，同時遇到任何困難都要有決心與能力去加以克服。這是一項自我挑戰，但透過這個訓練過程，你會發現自己變得更為堅強勇敢，對於日後在社會上的激烈競爭也等於已作好了萬全的準備。這一點或許是台灣學生相當欠缺的訓練。

出國深造要趁早

在當完兵，考取了中山獎學金之後，王雲東馬上就出國深造，原因是他在當兵的時候發現自己的記憶力已大不如學生時代，再加上那時已發覺台灣未來將走向高學歷時代，大學與碩士文憑將成為基本學歷，因此促使王雲東毅然決然前往美國哥倫比亞大學攻讀博士學位，而這一去就是五年半。

王雲東以過來人的經驗告訴現今想要出國深造的學子，念書是要趁早的，記憶力及體力會隨著年齡的增長而持續下滑；再加上如果已經有了家庭的話，家庭將會成為出國念書的「甜蜜負擔」。畢竟攻讀博士不像碩士一樣兩年左右就可以畢業，攻讀博士的人多半都不曉得自己什麼時候可以畢業，也有許多人畢不了業，因此在時間上來說，還是趁早並且有規畫的去完成它較好。

許多人想到出國念書，都會因為金錢方面的考量而退縮、放棄，不過王雲東表示，如果可以的話，盡可能在台灣先透過各種管道申請獎學金來補助，也可以向當地學校申請獎學金；但前提是你必須有心理準備要跟所有留學生競爭，唯有贏過他人，你才能得到這筆獎學金，因此必須十分努力於自己的專業領域，才有機會取得。各種獎學金的條件與金額都不相同，以他考取的中山獎學金為例（目前已暫時停辦），每年提供了兩萬美元，算是相當充裕。有些獎學金會有附帶條件，他特別提醒有意申請的人：如果拿的是國家獎學金，取得學位後必須要馬上歸國，無法留在美國短期發展。

論文規畫「一魚三吃」

至於論文要如何規畫呢？王雲東提出了一魚三吃的方法，可讓學生在論文的撰寫上不會多走冤枉路，而這個方法不論碩士或博士論文皆可適用。

所謂一魚三吃，就是先確認自己所要鑽研的專業領域，然後自己的論文寫作，期中、期末報告、以及實習報告等，都以這個領域為範圍而加以探討。這麼做，不僅可以讓各種報告省事不少，而且在鑽研了這麼多同樣領域的相關議題之後，撰寫學位論文時自然就能比較順利完成。

這個一魚三吃的方法，最關鍵的地方在於一開始就對論文主題能夠先確認，因為如果你所選的主題不是你真正有興趣的話，鑽研到一半要更改主題，那麼之前所花費的時間及精神就都浪費了。在你不停更改主題的同時，你所鑽研的部分也都將無法深入到問題的核心。畢竟論文撰寫需要長時間的鑽研，不是一蹴可及，因此題目越早決定對順利完成論文越有幫助。

王雲東以自己為例指出，當時他在美國哥倫比亞大學就以老人福利做為學位論文主題，因此不只選課可以盡量集中在這個領域，期中、期末報告都是以老人福利的研究作為主軸，實習與訪問調查的單位更是鎖定在老人福利相關機構。研讀及蒐集了許多的老人福利相關資料後，自己的想法及意見自然而然就會匯集成流，「或許這就是我為什麼這些年在攻讀碩、博士過程還算順利的原因。」王雲東笑笑表示。

指導教授的選擇之道

要完成一篇好的學位論文，當然背後也必須要有一位好的指導教授。王雲東指出，指導教授的專業能力良好當然是必備的，但人格特質與研究生合得來也很重要；

因為論文的寫作需要一段時間，在這段時間裡指導教授是不可隨意更換的，如果與自己的指導教授處得不好，在互動及請益方面將會出現很大的問題。

除了人格特質契合，王雲東認為指導教授是否願意真正花時間來「指導」，也是選擇考量的重要因素之一。由於指導教授通常都很忙，沒有太多的空閒時間，如果再加上他不願意花太多時間指點研究生，研究生在論文的寫作上就很可能出現問題，小則事倍功半，嚴重的甚至會拿不到學位。

另外一種考慮指導教授的思維是：選擇在自己專業領域中最強的、也就是所謂「泰斗」級的教授作為自己的指導教授。王雲東說，這樣的指導教授雖然很忙、沒有太多時間來指導你，不過既然他能成為這個領域的泰斗，必然有他過人之處，如果能成為他的指導學生，你就有可能去學到他學術上的精華所在，再者他的重點提示時常也是很具關鍵性與啟發性的。不過這樣選擇的先決條件是，自己有能力獨立完成一篇好的論文；如果沒有這個把握，這種取向的選擇就有較高的風險。

論文撰寫的訣竅

在論文寫作上，王雲東指出，研究生常犯的錯誤是企圖太大，不切實際。因為論文的寫作不同於大學裡的作業，論文中的佐證資料必須要很充實且嚴謹，而許多研究生往往眼界太高，把題目的範圍訂得過大，造成能力相對不足，以致於最後難以完成論文。王雲東建議可以選擇小範圍的題目，因為小範圍的題目容易掌握，也較不致於造成論文結構鬆散、邏輯組織缺乏的窘境。

對於已經在研究所就讀的人，王雲東也提出了他的論文規畫時間建議。他指出不管博、碩士班的研究生都應該要及早規畫，正所謂：「好的開始，就是成功的一半！」在一開始念研究所時，最好就能確認研究主題及方向，如果老是猶豫不決，將會耗費過多的時間及精神在確認論文題目上，造成論文的研究不夠深入與嚴謹，如此也會影響畢業的時間。要避免這項錯誤，最好先認清自己對於專業領域中哪個部分最感興趣、覺得最值得去深入研究，同時自己也有能力完成，如此才是最佳論文方向的選擇。

王雲東指出，確認論文的大方向後，資料的蒐集也是很讓研究生頭痛的。廣泛蒐集資料，並從許多資料當中找到最適合的精華，確實不是一件容易的事，王雲東認為千萬不要閉門造車，最好多向指導教授或學長、姊請教，也可先從閱讀相關的論文、書籍著手，而相關論文後面都有十分詳盡的參考書目可供選擇，藉由閱讀論文獲得資訊，同時也學習他人的思考邏輯與章節安排，一步一腳印地實現自己的理想。

充實自己、迎接未來的挑戰

對於有意更上一層樓的學子，王雲東建議，未來台灣最重要的資源就是高品質的人力資源，因此要不要繼續升學必須從這個角度來思考。現在年輕人接受了上一代辛勤五十餘年努力奮鬥的成果，而能夠在一個相對安定富裕的環境中成長，雖然沒經歷過戰爭與動亂，也沒有受過物資貧乏之苦，但其實面對的挑戰卻是非常嚴峻的，因為在全球化潮流下，未來的競爭者來自世界各地；因此唯有不斷努力充實自己，同時發揮高度創意，才是迎接未來挑戰並成為贏家的不二法門。在這個過程中，學歷或許有其必要，但真正重要的還是有沒有學到自己有興趣的知識，而非只是看重一紙文憑。

從理工轉政治再徜徉傳播

賴祥蔚博士的傳奇

賴祥蔚博士

最高學歷　國立政治大學政治學博士

現　　職　中國文化大學大傳系助理教授
　　　　　世新大學廣電系兼任助理教授

主要經歷　行政院人事行政局
　　　　　　公務人力發展中心講座
　　　　　輔仁大學大傳系兼任助理教授
　　　　　飛碟聯播網董事長特別助理
　　　　　廣播電台董、監事
　　　　　電台節目審議委員

賴祥蔚開過計程車，後來歷任政界、媒體、大學主管。

東森媒體集團協理、顧問
大中華全媒體股份有限公司副總經理
電台節目製作人、主持人
《TVBS 週刊》專欄主筆
《e週刊》社務顧問兼專欄主筆
大學公共關係室主任、發言人
國立空中大學、國立台北商專、國立空中行專等校兼任講師從中興大學水土保持系畢業，應屆考上台大政治所，是不是有點神奇？拿到政治學博士之後，卻成為傳播學教授，會不會難以想像？別懷疑，這正是賴祥蔚的真實經歷。

計程車運匠出身的大學教授

除了求學傳奇之外，賴祥蔚的打工經歷也常讓人瞠目結舌，念大學時他為了賺取生活費，曾經當過大樓警衛、搬家工人，還考了職業駕照開過計程車。這段出身清寒，藉由求學打工來體驗不同人生，最終成為大學教授的故事，還曾經在報紙上被大幅報導。現在回顧起來，大學時期與眾不同的打工經歷，或許已經反映出賴祥蔚勇於嘗試、不受限制的個性，似乎也預告了他日後的發展。

在許多學生的心目中，賴祥蔚不但人生故事精采，獨特穿著也是大家茶餘飯後的八卦話題之一，因為「五年九班」的這位老師儘管年紀輕輕，個性也相當幽默風趣，卻經常身穿一襲唐裝穿梭校園之中，構成一幅引人注目的有趣畫面。

對於自己所引起的種種話題，賴祥蔚笑著說，打工也可以是一種學習，而且既然不打工不行，乾脆想辦法讓自己能增廣見聞，「這也算是苦中作樂。」至於在穿著上，他認為穿唐裝不必打領帶，其實很方便，而且真要說起來，西裝、領帶都是西方文明的產物，還不如唐裝富有自己民族的色彩。

對於自己的求學歷程，賴祥蔚覺得沒有什麼好奇怪的，他舉例指出，麥克魯漢教授（McLuhan）早年想學工程，後來在英國劍橋大學獲得文學博士之後，卻成為傳播學泰斗，更被《紐約先驅論壇報》封為繼牛頓、達爾文、佛洛依德、愛因斯坦等人之後最重要的思想家；而皮亞傑（Piaget）教授雖然拿的是自然科學博士，後來卻成為心理學大師。

一路走過理工、政治、傳播等不同領域的賴祥蔚進一步解釋：「其實在幾世紀以前，西方思想家都是博覽群學的百科全書家，奈何現代教育制度一定要把這些知識畫分成不同領域，害得喜歡各種知識的我，當年在選擇自然組或社會組時非常困擾。」

高中聯考社會科接近滿分的賴祥蔚，高一最喜歡的兩個科目是國文與地球科學，一度想成為文學家或太空學家的他，在高二分組時掙扎許久。雖然什麼科目都喜歡，從成績來看，社會科卻明顯是強項，後來因為不甘心被認為一定會選社會組，加上「優秀學生應該選自然組」的迷思，賴祥蔚最後進入自然組，考上台中的國立中興大學，進入全國獨一無二的水土保持學系。

人生轉折純屬意外

考進大學之後，賴祥蔚對系上的課程沒興趣，成績總在低空盤旋，遇到工程數學、流體力學等專業科目還常「見紅」，因此被歸類為較「混」的學生。根據當時的一項調查，六成以上的大學畢業生都是學非所用，他也認為只要拿到學士文憑，隨便找什麼工作都好，甚至心想：「就算擺麵攤也行，自己當老闆兼伙計，自在沒憂慮，反正只要快樂過活，餓不死就好。」

大二下學期時，賴祥蔚因為女友的施壓，不得已進入新聞社。原本覺得社團浪費時間的他，發現校園記者的採訪工作相當有趣，後來更意外當選《興大新聞》總編輯。說起往事，賴祥蔚微笑解釋，這起意外純因幹部改選當晚，主要人選一個要轉學、一個被退學，因緣際會下他以一票之差當選。當時全沒想到，人生轉折在此悄悄展開。

由於資淺，新總編輯剛上任時很不被看好，身處逆境之中，反而激起了賴祥蔚不肯服輸的鬥志，決定做出成績給大家看看，經過許多努力，一年後不但開創校刊創刊十六年來首度獲獎的記錄，還在全國競賽中勝出，打敗其他學校傳播院系所編的校刊。

經歷輝煌的社團生涯，賴祥蔚開始認真思考未來。他不再甘於擁有一張不能學以致用的文憑，決定挑戰科系限制，報考喜歡的研究所，開創自己的前途。

因為經濟拮据，必須自己賺錢糊口，出國留學從來不是賴祥蔚的選項。出生於小雜貨店的賴祥蔚，家中經濟狀況本來就不是很好，國中時，身體一直不好的父親忽然病逝，雜貨店也跟著歇業。提起這段往事，賴祥蔚神情黯然的說，父親一生辛苦，早年還因貧病交加而成為二級貧戶，最後卻沒能等到苦盡甘來的日子。簡短幾句言語之間，透露出為人子者來不及盡孝的哀思。

環顧國內研究所，一開始賴祥蔚想考政大新聞所。準備了一個多月後，發現有些科目的規範性太強，反而是選考的政治學比較吸引人，加上政局風起雲湧，因此毅然改考政治所，並且鎖定台大，因為他自我期許：「要考就考最好的。」

國人在參加各種考試時，總喜歡表面上假裝不在乎、沒準備，私底下卻偷偷用功，想要考上再給大家一個驚喜，以免先說之後卻因落榜而丟臉。賴祥蔚覺得這種心態太小家子氣，決定公告周知。幾乎所有人聽到後都覺得無非白忙一場，甚至好意勸他別妄想，畢竟中興的資優生想考台大都不容易，混的學生怎麼可能跨組考上台大研究所？

「我大學四年太混了，一定考不上中興水保所，只好去擠台大政治所。」面對詢問，賴祥蔚總以半開玩笑的方式說明，但公開宣告，其實是要藉由「輿論」來督促自己；再說考研究所又不是壞事，考不上也不可恥，何必偷偷摸摸？

為了彌補不足，自學的賴祥蔚每科最少買兩本不同的教科書，並且蒐集上課筆記與考古題，兼讀學術期刊的各家之言，希望勤能補拙。星期六凌晨五時起床，搭乘最便宜的火車，專程北上台大旁聽，面對政治學、思想史、外交史、國際公法等陌生科目，每天十小時，每小時勤讀二十頁，當天寫出要背的筆記，幫助記憶。一年之後，三百多頁筆記幾乎可以默背。

即使如此，賴祥蔚仍無十足把握，畢竟自己準備雖足，對手卻可能更強，因此不敢稍有鬆懈。他回想說，放榜當天，在電話這頭等待另一端通報的那幾秒，彷彿所有辛苦忽然都壓到了肩膀上，直到確定上榜，整個人才放鬆，終於體會到耕耘之後的豐收滋味。往後幾天，周遭人的敬佩眼光，讓他充分感受到超越限制獲取成功的喜悅。

賴祥蔚認為，有意深造的學子千萬不要覺得自己一定無法跨越科系的限制，應該要設法去突破限制。他自己招認念台大研究所的第一年，其實非常痛苦，很多課都聽不懂，一度想要休學，這是因為相對於其他同學都在大學修了一百多個學分的政治相關課程，他卻只念了研究所要考的考試科目而已，因此雖然考上，基礎卻不夠。到了第二年慢慢進入狀況，開始嶄露頭角，台大名師石之瑜教授曾形容他：「前後判若兩人」。

「不過這段痛苦過程也洩漏了一個秘密，就是研究所考試科目不多，反而提供了有意跨組報考者一個大好機會。」賴祥蔚比著手勢分析。

目前在大學任教的賴祥蔚發現，很多大學生想要報考研究所時，總會先去補習班報到，他對這個現象相當不以為然。

當年沒錢補習，只去補習班旁聽過一、兩次免費課程的賴祥蔚回憶起這段過程，半開玩笑地說：「剛開始不懂事，去聽了覺得非常有收穫，後來多念了幾本書才發現，補習班的內容是大雜燴，也就是針對各個研究所出過的考古題，把各家教科書內容硬湊在一起。」他分析指出，補習班教的是拼湊的零碎概念，讓考生強記硬背，這些內容看似無所不包，卻不是一套完整的知識體系。

賴祥蔚感慨的說，大學的師資絕對比補習班堅強，但大學生卻喜歡多花一筆錢往補習班跑，因為補習班的教學方式似乎可以應付考試，這也反映了很多大學生不是真的喜歡讀書，只是想要文憑。他認為，如果平常就喜歡這些科目的學生，根本不必補習，而且還在學就去補習，「白天上學，晚上與假日又窩在補習班，反而會讓自己沒有時間去吸收知識。聽得懂絕不等於真的懂。偏偏多數學生認為有補總比沒補好，寧願花錢求心安。」從這個角度來看，沒錢補習的窮學生只要好好看懂課本，反而更能考上。

很多學生常在通過筆試後問老師怎麼準備口試，反映出沒有想清楚為什麼要念研究所、為什麼要考這個所，因為口試是要觀察考生清不清楚研究方向，是否真正針對該所的特色與師資而來。賴祥蔚指出，最好的策略就是能讓口試委員覺得：「對，這就是我要收的研究生！」如果是真正有心的考生，因為早就蒐集並分析了該所的資料，自然能夠輕鬆應答，否則只好臨時惡補，在口試時隨便發揮或是專挑對方喜歡聽的說，自欺欺人。

逆向從論文出發趁早規畫研究所生活

雖然順利考上心目中的第一志願，不過回首這段研究所之路，賴祥蔚卻感到充滿遺憾。

由於必須打工賺取學費與生活費，賴祥蔚還沒到台大政治所報到，就先前往立法院工作，負責研擬法案與新聞公關。由於表現傑出，還是研究生的他，在一年多後獲得重用，二十五歲出任政黨主管，身兼黨魁特別助理，負責立法委員提名作業，每天西裝畢挺，扮演政壇的當紅「童子軍」。

雖然學的是政治學，從事的是政治工作，不過「事業有成」的結果，免不了影響了研究所的學業。儘管獲得台大碩士，賴祥蔚卻常後悔自己學的不夠多。相較之下，很多研究生可能只想混文憑，卻不知學歷只是表象，實力才是根本。

賴祥蔚認為，如果研究生不及早規畫研究所生涯，寫論文時就會發現：怎麼以前上的課、念的書，這時都不能派上用場？結果就是研究所訓練與論文撰寫之間發生「悲慘的脫鉤」。

因為自己在研究所走過一段冤枉路，賴祥蔚特別提醒現在的研究生應該要好好規畫研究所生活。他認為，研究所課程是一個龐大的知識寶庫，進到裡面就像是逛國家圖書館或少林寺藏經閣，如果沒有事先想清楚自己要找什麼秘笈，就很難在短時間內找對寶典，結果可能是東看一本、西翻幾頁，最後雖然練就了幾門小功夫，但是無法發揮相加相乘的效果，更不能融會貫通成獨門武功。

賴祥蔚說，理想狀況是報考研究所的時候就應該有了初步方向，如果不能在入學以前就想好方向，最好也能在研究所一年級的寒假就要積極思考自己到底想研究什麼問題、鑽研什麼學問。

「當然，研究興趣可以不只一個方向，但是絕對不能沒有方向。」賴祥蔚強調，確定了方向之後才知道自己該修什麼課、讀什麼書，邊讀邊驗證或修正原先的方向。他提醒研究生要從論文「文獻回顧」的角度，逆向去聽講、閱讀、寫筆記，筆記最好能電腦打字存檔，以後直接選用，大有幫助。如果不這麼做，寫論文時候就會發現，為了文獻回顧，必須把以前念過的書重翻一次。

賴祥蔚說，很多研究生在剛開始，常把學期報告當成讀書心得報告，這種大學或高中的模式絕不適合研究所。他認為研究生應該把報告當成小論文，課堂的閱讀與筆記就是文獻回顧，然後加入自己的見解，最好自我期許能投稿期刊，理想目標是一級期刊，亦即名列《社會科學引用文獻索引》（SSCI）與《台灣社會科學引用文獻索引》（TSSCI）的期刊，或是有審稿制的其他期刊，審稿可以點出論文的不足，獲得刊登更可建立學術聲望，有些期刊還支付稿費。如果各篇報告都圍繞著同一領域，甚至具有系統性，彷彿是同一本書的不同章節，那麼投稿登出還可以集結出書，甚至藉由這種方式寫出學位論文；不過也必須小心，因為有些博士班規定學位論文的內容不能是已發表過的期刊論文。

論文題目應結合興趣與就業考量

感嘆自己沒有好好把握碩士班的賴祥蔚，在每天下班後埋首苦讀，衝刺了一個多月，一舉考上兩所博士班，有機會重新體驗研究所生涯。進入政大博士班仍需工作的他，離開政壇後被挖角到飛碟聯播網擔任董事長特別助理，同時身兼《TVBS週刊》專欄主筆與大學講師。相對於念碩士時工作影響了學業，這次有了一個比較好的開始，在博士班一年級就決定了以媒體為研究方向。

儘管念政治所，但是因為台灣的研究所風氣相當自由，容許研究生在論文題目的選擇上自由發揮，因此可以試著將政治學與傳播媒體加以結合。為此，賴祥蔚選修了多門新聞所與廣電所的課程。除了興趣，市場需求也是他思考論文題目的重點之一。所謂市場需求，一方面是業界需求，一方面是學界需求，如此「進可攻，退可守。」

當時賴祥蔚在選擇論文題目上的考慮因素有幾項，首先，政治經濟學是政治學界的熱門主題，可以針對所有現象進行分析，也符合政治所的要求；其次是進一步鎖定以廣播電視為目標；第三，大陸快速興起，成為研究顯學，自己的碩士論文也與此相關。基於這幾點，賴祥蔚決定針對大陸的廣播電視制度進行政治經濟分析，並請新聞學者彭懷恩與廣電學者關尚仁共同指導論文。

在指導教授的建議下，賴祥蔚最後以《中國大陸廣電集團的政治經濟分析》為題，巧妙結合博士班閱讀的文獻作為理論依據，並多次走訪大陸媒體，挖掘第一手資料。

賴祥蔚認為，就算是撰寫論文，也應該觀察機會，強化自己的競爭優勢。他說，從教職的供需來看，台灣的政治學博士多，政治系職缺少；反之，傳播學博士少，傳播相關科系卻多，這是因為傳播學是比較年輕的學科，因此培育出來博士比較少，那時台灣甚至只有一個新聞傳播博士班；至於在師資的需求上，媒體開放之後，傳播科系陸續出現，職缺也會跟著大幅增加。

由於有了妥善的分析與規畫，賴祥蔚的博士論文果然帶來許多好處。除了在學校獲得教職，有意進軍對岸的台灣傳播業者也因對他的博士論文很感興趣，常常找他擔任顧問。研究著述的好處不只如此，賴祥蔚後來結合理論與媒體實務經驗，出版關於節目企畫與媒體經營的著作，又遇上了知名媒體集團前來挖角，不過他都以目前無意離開教職與學術研究為由而予以婉拒。

賴祥蔚從自己的經驗出發，建議正在思考論文題目的研究生，除了興趣與流行之外，也要觀察未來的趨勢，最起碼要觀察自己拿到博士學位時的現實。他舉例說，過去幾年台灣的博士生都偏愛與現實政策有關的題目，並且因為覺得思想史不實用而不做這方面的研究，結果後來各校教思想史的老師陸續退休，出現許多職缺，思想史博士頓時非常搶手。

目前每年都發表多篇論文的賴祥蔚說，自己在研究上屬於後知後覺，一直到了撰寫博士論文時才慢慢開竅，領略了「基本道理」，後來進步越來越快。

為什麼功力提升？賴祥蔚先笑說不知道，沉吟片刻又補充說，國內一位新聞學大師曾以「述而不作」評述他的一篇論文。反覆思考之後，他才真正領悟優良論文

的基本道理：「述」就是針對主題「評述」目前的研究成果，分辨其類別與優劣，一般研究生應該都有此功力，這也是他當年的境界。「作」則是要提出自己的嶄新「創作」，而且要立足在「述」的基礎上，這樣才能與其他研究成果進行對話，才有學術價值。「作」有深淺之分，如果只是小小修正別人的成果，雖有新意卻無深度，必須要提出前人未見的新突破才有深度。

基本道理不難，箇中意義深遠，因有心而認真思考，讓賴祥蔚得以精進，如果借用武俠小說的用語，那麼他應該是打通了學術研究的任督二脈。

高學歷時代下的研究生因應策略

一個聯考時社會科幾乎滿分的國中畢業生，高二選擇了自然組，大學念的是理工科系，研究所攻讀政治學，最後成為大學傳播學教授。發展過程雖然有趣而傳奇，但賴祥蔚卻認為自己不是一個理想的學習對象，因為回顧起來，自己是因許多時刻都欠缺規畫，才必須加倍努力去克服限制。

「有時想想，就是因為興趣廣泛，念書隨性，才多花了不少精力，還好因為不向限制低頭，加上運氣不壞，才能走出一條路。」賴祥蔚笑著說。

弔詭的是，當前的大學科系越分越細，光是在大眾傳播領域，很多學校就分割出新聞、廣電、傳管、公關、廣告等系，分工精密；偏偏在此同時，對「科際整合」的呼聲又從未停止。在這種趨勢下，由於多數人只有一項學術專長，因此具有多項學術專長或許也是利多。

跨足許多領域的賴祥蔚，雖然多走了冤枉路，但也可能因此而具有其他學者沒有的學科整合優勢。近年來他積極要把自己的各種所學相互結合，例如新發表的一篇論文，就是將當代美國政治學界的「社群主義」思潮，援引到傳播學，希望為很少探討哲學的公共關係學建立哲學基礎。這篇論文發表後，登在台灣傳播學界唯一的一級期刊上。

不過賴祥蔚還不滿足，想繼續突破學科限制。他說，現在學科分工太細，很多博士不知道自己的學位之所以是「哲學博士」（Ph.D.），原因在於包括自然科學與社會科學在內的所有學問，最終價值都是要闡述人類存在的哲學意義。有鑑於此，加上早期對傳播的政治經濟學研究，使他感到人類傳播受到太多政治與經濟的扭曲，但政經研究只點出問題而沒有找出解決之道，因此他決定投入「人本主義」傳播學的建構。

為了這個目標，除了結合政治學與傳播學，賴祥蔚還辛苦研讀心理學，試著結合三者，建立嶄新的「傳播權」理論。他認為，研究已證實大腦發展受到傳播環境的影響，例如兒童在成長階段如果能夠有好的傳播環境，大腦皮層就可以發展得更好，成為一個更完美的人；研究也發現幫人設想的「同理心」主要是由腦前額葉負責，而這個部分在十七、八歲才成熟，萬一錯過時機就無法發育，因此如果人人都有理想的傳播環境，則不但人人都更完美，社會也會更和諧。賴祥蔚說，從這個角度出發，享受健康的傳播環境，應該是一項基本人權。

「有點天馬行空，不過起碼方向明確，而且有意義又好玩。」身穿唐裝的賴祥蔚說完，忍不住開懷歡笑。研究室一旁的書桌上與書架裡，滿是各種不同學科的書籍，這些硬梆梆的專業文獻讓很多人感到頭痛，卻彷彿是他愛不釋手的寶貝。

年紀輕輕就在政界、媒體、學界都當過主管的賴祥蔚指出，想升學一定要先觀察趨勢、找出喜歡的方向，妥善結合資源；想轉換跑道就要勇於挑戰限制：「與其消極嘆息，不如積極學習！人類的大腦具有高度的可塑性，因此只要有心，每個人都有無限潛能。」賴祥蔚的堅信之中透露著無比樂觀。

第五章

技職體系的高學歷策略

害羞女生變身大傳系主任

王毓莉博士的蛻變

王毓莉

最高學歷　國立政治大學東亞研究所博士

現　　職　中國文化大學大傳系主任
中國文化大學大傳系副教授

主要經歷　中時晚報採訪組記者
美國威斯康辛大學教育系研究助理
中國廣播公司亞洲之聲節目企畫製作
新光集團少東吳東昇先生之媒體公關顧問

王毓莉曾參與陸委會的研究專案至大陸研究媒體。

HONPAC 國際企業集團 CIS 專案規畫執行

財團法人台北市開放空間基金會企畫研究員

財團法人陽光社會福利基金會八十年度十大社福新聞評審

台灣 TOSHIBA 代理公司英文會話教師

銘傳管理學院大眾傳播學系專、兼任講師

銘傳大學大眾傳播學系暨傳播管理研究所專任副教授

二〇〇三年夏天，陽明山上的中國文化大學出現了一位引人注目的新秀系主任，她就是大眾傳播學系的王毓莉主任。

王毓莉不但是文大大傳系第一位女性系主任，外型清秀亮麗的她，還是相當年輕的「五年級生」，因此常常在第一堂上課走進教室時，被學生誤以為是同學或學姊。

外貌很有都會成功女性氣質的王毓莉，其實來自於淳樸的台灣南部，從小在屏東長大，國中二年級時跟著家人一起搬到台中，國中畢業後才到台北念書。目前執掌整個大眾傳播學系的她，總被看成個性外向的女強人，但事實卻剛好相反。

專三那年忽然冒出頭

王毓莉笑著回憶自己會走進大眾傳播的世界，其實是個美麗的錯誤，因為國中畢業時本來不確定要念什麼學校，當時聽說在專科學校的排名中，銘傳比世新好，所以決定先去銘傳看看情況再說，又因為不清楚選填志願應該看低標而非高標，結果誤以高標為準，放榜後上了銘傳商專的大眾傳播科；而且當時是早上剛放榜，下午就要去註冊，所以她雖然還在猶豫要念高中還是念專科，仍決定先註冊再說。

註了冊之後，王毓莉才開始了解什麼是大眾傳播，當時得到的答案大多認為大眾傳播就等於新聞，因此念這個科系就是要成為播報電視新聞的主播。

親戚朋友得知王毓莉可能要念大眾傳播科後，紛紛從中南部打電話到台北來關心，在他們心目中，這個從小「大病沒有，小病不斷」的女孩子，一向都非常害羞，甚至說得誇張點，似乎還有一些自閉的傾向，因為每次只要來到家裡的訪客一多，這個小女生就會偷偷躲起來，在這種情況下，他們不免憂心這麼害羞的女孩怎麼適合念大眾傳播？

聊起這段有趣的往事，王毓莉忍不住笑著解釋，其實自己不是自閉，只是不知道該如何稱呼那些陌生的訪客，害怕這種尷尬的場合，所以乾脆選擇一個人沉默自處。

儘管只是害羞而非自閉，但王毓莉也坦承剛入學時，因仍不確定自己該不該念這個科系，加上當時銘傳商專最出名的是商科，所以一、二年級一直都有轉科的打算。主要目標包括了國貿科與商業文書科，不過真要轉科卻又有兩點考量：一是自己也不確定是不是對這兩個要轉的科系真的有興趣；二是當時的導師，也是銘傳商專大眾傳播科第一屆的學姊建議她，既然不清楚自己的興趣，而且專一、專二的課程大多都是共同科目，不妨先念看看再決定。

學姊導師以過來人的經驗告訴她，傳播是很有趣的學門，應該不會念了卻幫助不大或不具實用性。幾經考量，王毓莉最後還是沒有轉科。

幸好沒有轉科，五專三年級成為王毓莉生涯中的重要轉捩點，因為專三那年一些傳播專業科目開始出現，讓她開始有機會發現自己的潛力，例如在採訪寫作課中，她的表現就十分突出，同班同學還曾經形容她是「在三年級時才忽然冒出頭」，在這時開始被其他人看見，學校師長也注意到她的能力。

由於在大眾傳播方面的表現持續獲得肯定，王毓莉也越來越樂於在這個領域中學習，更開始爭取參加比賽，獲得了一些獎項的肯定，後來又加入了知名的銘傳學生刊物《銘報》，出任總編輯。

五專的後幾年，原本害怕面對人多場合的王毓莉，不僅越來越喜歡傳播，而且還在採訪工作中建立了溝通的自信心，她說，因為採訪多是一對一溝通，比較單純，所以可以慢慢學習建立自信心，而且這種自信心的建立，還來自於專業基礎訓練，例如預先了解受採訪對象等事前準備工作，因為了解越多，越能掌握採訪情況，加上秉持著「這是我的工作，我要全力做好」的強烈信念，逐漸克服了害羞與怯場的問題。

走過這段路途的王毓莉以自己的經驗說明：「人的性向與潛在資質有關，但興趣還是可以透過成就感而逐漸累積。」目前擔任大學教授的她，笑著承認自己剛踏上講台時，看著面前的一大群學生，還是會有一點怯場，但經過自我訓練與心理建設，現在已經完全可以掌握狀況。傾向完美主義的她指出，其實怯場也可能帶來幫助，因為在面對各種場合時如果都能有戒慎恐懼的心態，而在事前更加努力準備，一定可以有更好的表現。

王毓莉笑著說：「我的個性是只要下了決心，就一定要把承諾的事情做到最好。」這種「任務導向」也是傳播人在職場上常見的基本要求。

因緣際會踏上出國留學路

擔任《銘報》總編輯，不只是個難得的學習機會，還意外幫王毓莉爭取到一份理想的工作。因為當年報禁還沒解除，《銘報》雖然只是一份學生刊物，仍然具有相當程度的影響力，在傳播業界的評價也不錯。

當時中時、聯合兩大報系都有內規，就是不聘用五專畢業生，在招考的門檻上也大多要求大學或三專以上的學歷。一九八八年，《中時晚報》創刊，當時王毓莉才專五，就因為在《銘報》表現優異，而以五專學生身分獲得《中時晚報》延攬。事後聽說，這是中時報系創辦人余紀忠先生在看完作品後，親自開出來的名單，當時除了她，還有另一位同學及當時的助教。

專五那年的寒假，還是學生的王毓莉開始到《中時晚報》上班，成為罕見的五專生記者。還好五年級下學期要修的課比較少，而且中晚也能體諒她還是學生，因此給了比較大的上班彈性，主要工作是以專題為主，這也是王毓莉的第一份工作，讓她享有更佳的成長機會。

原本應該一路走下去成為優秀記者的王毓莉，似乎命中註定會遇上出國的機會。很多同學都以為已經有記者工作的她應該不必再進修，但早在五專前兩年的寒、暑假，王毓莉的父親就認為學生既然有時間就應該多學習英文，她也認同這點，因此前往當時很熱門的 YMCA 補習英文；到了四年級暑假，王毓莉心想：既然補英文，為何不乾脆補托福？因此報名一個月的托福密集班，補完之後參加第一次托福考試，獲得五百多分。

五專快畢業時，王毓莉得知可以申請到國外的姊妹校當交換學生，而且在校成績前幾名畢業的她還可以申請獎學金，再加上專四所考的托福分數剛好過了申請門檻，兩年的成績有效期限又快到了，種種機緣都在默默中促使她提出出國的申請。目前國內有許多學校都與國外學校建立姊妹校關係，交換學生的機會比以前更多，不過許多技職體系學生只注重專業科目，英語能力往往偏弱，構成出國留學的障礙。

出國的申請通過後，王毓莉面臨念書與工作的兩難，當時聯合報系與一家電視台都有延攬的意願，兩個工作機會都十分難得，因此當她後來決定選擇出國念書時，熟知傳播業的朋友都感到很錯愕；甚至在她出國之後，還有留學生學姊認為她已有理想的媒體工作，實在沒有必要再出國念書。

年紀輕輕就遠赴海外的她提醒有意出國留學的學生，出門在外會遇上許多偷搶騙事件，要特別注意人身安全，當年報社總編輯胡鴻仁先生，因為看過許多留學生在美國發生車禍的不幸案例，還曾好意建議她在美國盡量不要開車。

從五專畢業就出國留學的王毓莉，等於是去插班大學，要先補修大學部的學分。當時五專畢業出國念大學最快要花費一年半的時間，最長則要花上兩年時間，但她卻只花了一年（上、下學期與寒、暑假）就修完所有的課。

王毓莉透露說，她能快速拿到學士學位，除了規畫得宜，當中其實還有個小故事：美國學校在審核學分時，銘傳的學分很少被承認，經過了解後發現，原來美國人對台灣學制不很了解，把五專當成了高中，所以不承認學分。王毓莉主動爭取抵免學分，幾經協調，學校同意只要提出證明就行，最後她請台灣的朋友幫忙蒐集銘傳商專的英文簡介，再請大傳科上出示證明，終於多抵免了十幾個學分。雖然還是要修很多學分，但因為她一入學就開始規畫，所以順利在一年內修完，而且成績不錯，還獲選為該校當屆的傑出校友。

在美國第一年的下學期初，王毓莉看到很多學長、姊忙著申請研究所，抱著姑且一試的心態，她跑到學校圖書館找資料，寧可「備而不用」，她認為：「有機會選擇，才有自己要不要的問題！」

申請時，王毓莉因為托福期限已到，加上碩士班要求的成績比較高，所以在當地又考了一次；至於書面資料，在自傳部分她特別強調補修大學學分的規畫與成績表現，並且突顯自己的實務經驗與報考碩士班原因，因為新聞傳播科系不同於他系的地方，就在於看重學生的實作能力，所以準備資料時應該特別突出這個部分的表現，例如學生時代的比賽得獎作品、實務工作的刊出作品等。

在研究所的選擇上，王毓莉的主要考量因素是開課時間與獎學金。由於美國許多學校只招收秋季班，王毓莉為了時間銜接，希望申請春季班。她表示，當時正是大陸開放學生出國留學的時期，美國因為台灣經濟情況比較好，所以把很多獎學金挪給大陸學生。她申請到兩所學校，一所確定沒有獎學金，而威斯康辛大學表示下學期她申請到獎學金的機會很大，因此她選擇了後者。除了獎學金，王毓莉還透露，當時兩所學校中，威斯康辛大學的台灣學生比較少，也是她的選擇因素，因為這麼一來，才能減少台灣同學之間的聯誼，全心念書，並且迫使自己盡量完全使用英語生活。

入學後，王毓莉找到一份研究助理的工作，這份工作不只有薪水，還可以繳交本州人的學費（比外籍生便宜很多），如此一來，薪水幾乎可以涵蓋所有的學費與住宿費。

對於留學態度，王毓莉堅持「學問」就是要多問，出國不要害怕表現，因為花了一大筆費用，更要有所收穫，她相信世界各地的教授都一樣，只要學生肯學習，都願意給予學生幫助，她也建議多與不同國籍的同學討論功課，多講多練習語文能力，因為與各國學生交流，可以了解文化差異，這也是一種人際關係的延伸。

王毓莉表示，研究所課程應該依照興趣、論文相關性、未來就業方向等來考量，在上課時更應該多記筆記。因為受過記者訓練，王毓莉上課記筆記的速度很快，既完整又有系統，當時有一位奈及利亞黑人老師因為發音特殊，連美國學生都聽不懂，還跑來向她借筆記。她建議學生還要養成做書摘的習慣，依照主題或書籍進行歸納整理，對於準備考試或論文資料整理都有很大的幫助。

針對傳播學的碩士論文，王毓莉認為除了從他人研究中獲得題目啟發，更要懂得從每天的媒體接觸中找尋研究問題，她以自己的論文題目發想為例指出，當時因為有大陸室友，常常互相借閱《中央日報》海外版與《人民日報》海外版，也會討論時事，因此發現媒體可以形塑兩岸人民對彼此的認知印象，形成研究動機。在一年半的碩士求學過程中，最後半年王毓莉除了修學分，也著手寫論文，美籍的指導教授對於此一主題並不熟悉，但是在學術語法上提供了很大的幫助。

政大東亞研究所的博士之路

獲得碩士回國後，王毓莉本來有機會回中時報系工作，仍然擔任記者，不過路線並非她的首選，後來因緣際會與朋友合作承接公關專案，在兩年期間內負責過媒體公關顧問、企業CIS規畫、廣播節目企畫製作等工作。

工作順利的王毓莉，某一次參加研討會認識了幾位政大東亞所的老師，因為其中一篇論文與她的碩士論文非常相似，因而聊起彼此的研究，政大東亞所的老師更建議她可以念政大東亞所。

對於學術工作很有興趣的王毓莉，在當時還有一個轉捩點，一九九二年她參與了一個陸委會的研究專案，到大陸訪問許多媒體，發現大陸改變很大，非常值得研究，加上她的碩士論文也是研究兩岸，所以決定報考政大東亞所。

王毓莉表示，準備博士班考試是個很有趣的過程，必考科目是中共黨史，過去從未接觸，甚至光是要買中共黨史的教科書，都要工作機構先開設證明給國關中心才可以買得到，買到書之後，再借來上課筆記，進行考古題的模擬問答，以訓練考試技巧，終於通過入學考。

王毓莉指出考試的技巧很重要，學生要常常自我模擬進行問答，先整理出答案的架構，考試時才可直覺反應出來；有感於時下補習風氣盛行，她建議學生不應該太迷信補習班，應該自己多閱讀、多培養找資料的能力，因為找資料是基本功夫，然後再培養寫作與組織能力，訓練對文字的駕馭功夫，這樣對以後做研究也大有幫

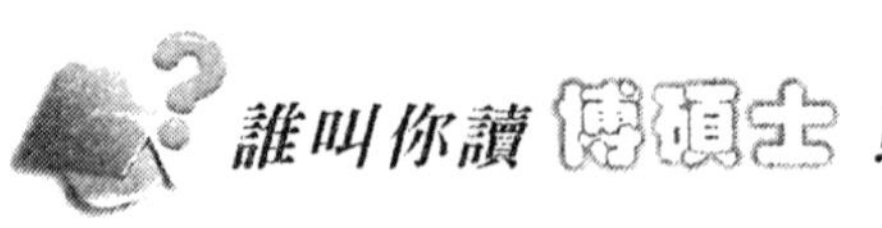

助。

進了博士班的大門後，由於是進入一個完全不同的學門，所以念起書來加倍辛苦，但也因此讓王毓莉發現原來自己不知道的知識還那麼多，很高興在其中見識到了學海浩瀚。

在博士論文的題目考量上，因為王毓莉的研究領域是傳播媒體，可以透過閱讀文獻、常跑大陸，並且與學者或大陸記者多多討論，從中抓出核心，思索自己可以做什麼研究，在前置過程也找了實務面與理論面的老師分別探討博士論文的架構。

由於研究主題特殊，王毓莉找的指導教授不是政大東亞所的教授，而是政大新聞所的李瞻教授，東亞所還特別請李瞻教授開設中國大陸傳播的專題課程。王毓莉回憶說，李瞻教授是一位令人景仰的敦厚學者，只要學生需要幫助，一定竭盡己力，當時研究中國大陸的文獻不多，許多書籍必須自己去大陸帶回來，由於李瞻教授藏書豐富，完全提供王毓莉借閱，成為她的主要文獻來源。

碩士攻讀傳播、博士轉進東亞所的王毓莉比較指出，當年傳播科系的論文是以量化研究為主流，而中國大陸研究是以質化研究為主，因此她的碩士論文是量化研究，博士論文則是質化研究，她表示質化研究更需要思考，加上早年大陸的出版品取得不易，所以必須花費較多時間去挖掘文獻資料，而且還要特別注意領導人的重要談話。

指導過許多傳播科系研究生的王毓莉指出，研究生在論文上最容易犯的錯誤主要有以下幾點：一是想解決的問題過大，但是寫論文不外乎小題大作，研究生最好不要野心過大；二是文獻整理與研究假設容易流於抄襲；三是文字能力需要加強，除了會閱讀還要會整理；四是傳播學科的學生對於研究方法常不夠熟悉理解，無法妥善運用，包括量化的統計能力或是質化研究所需的歸納等能力都有待加強。

學歷不是影響就業的關鍵

對於研究所，王毓莉認為最大幫助是訓練對知識能觸類旁通，思考問題的高度也獲得提升。她以自己為例指出，在碩士班傾向以實務角度去看所學知識，考慮研究與產業界的關聯性。念博士班的收穫包括三個面向：一是在知識層面可以用不同的理論角度去思考，提高思想層次；二是博士班所來往互動的師生彼此背景都不同，聚在一起討論時，可以激發出不同的想法；三是念博士班可以說是對自己身心體力的一大考驗，因為必須花更多心力去研讀，尤其是當念的書越多，越會發現自己所學不足。

王毓莉以自身經歷指出，雖然很多人都以為碩士學歷一定有助於尋找更好的工作，不過當年她念完碩士班回國找工作時，經歷的實際情況卻是資歷比學歷重要，因為當時報社希望她回去工作，主因是信任她過去的表現，而當她去其他公司面試時，主管所看重的往往也是她的記者經驗與外語能力，而不是碩士學歷，所以她認為學歷不是影響找工作的關鍵，學生更不應該把找工作當成念碩士的主要動力。

五專生不必然與博士絕緣

洪滋遠博士的故事

洪滋遠

最高學歷　美國阿肯色大學教育博士

現　　職　國科會人文處研究員

主要經歷　中國文化大學教育系兼任助理教授

洪滋遠在美國求學期間學會獨立，自理一切大小事。

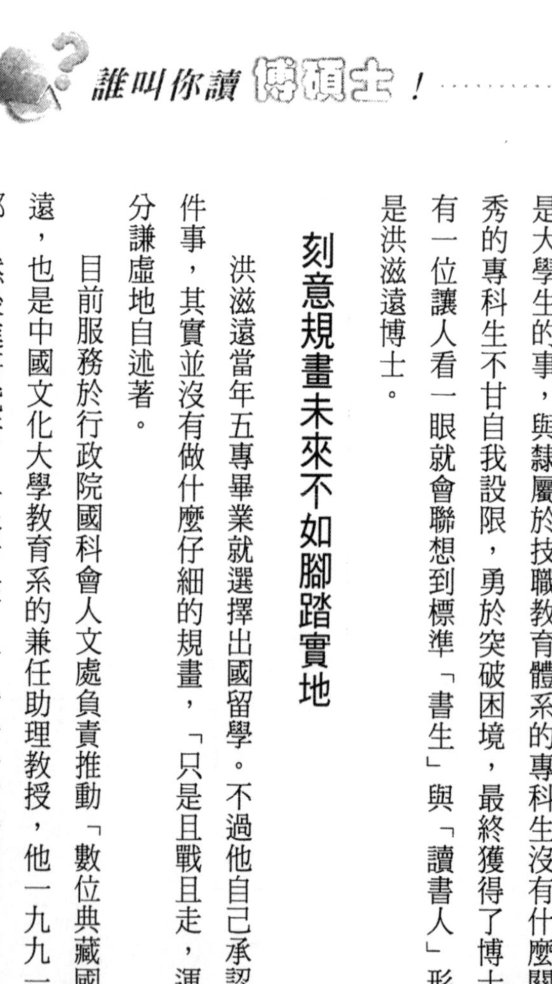

在許多人心目中，念專科學校似乎就等於與博士學位絕緣，因為說起來那似乎是大學生的事，與隸屬於技職教育體系的專科生沒有什麼關係。不過還是有一些優秀的專科生不甘自我設限，勇於突破困境，最終獲得了博士學位。在這些人當中，有一位讓人看一眼就會聯想到標準「書生」與「讀書人」形象的斯文年輕人，他就是洪滋遠博士。

刻意規畫未來不如腳踏實地

洪滋遠當年五專畢業就選擇出國留學。不過他自己承認：當初對於出國進修這件事，其實並沒有做什麼仔細的規畫，「只是且戰且走，運氣好一點而已。」他十分謙虛地自述著。

目前服務於行政院國科會人文處負責推動「數位典藏國家型科技計畫」的洪滋遠，也是中國文化大學教育系的兼任助理教授，他一九九一年出國求學，先念大學部，然後進研究所，一路下來，一九九九年從美國阿肯色大學（University of Arkansas）的教育學院獲得博士學位之後載譽歸國。

從五專畢業當完兵後，洪滋遠就直接飄洋過海，前往美國肯薩州大學就讀。說起選擇出國，主要是當時大專學制沒有現今如此開放，因此要留在國內升學其實並不容易，所以就選擇到國人最熟悉的海外國度去爭取機會，除此之外，實在沒有更多的規畫，真的是且戰且走。

洪滋遠回憶過去不但學制不開放，升學的門檻也相當高，平均升學率很低，即使高中畢業能繼續升學就讀大學的比例，大概也就只有百分之三十而已。當時國內研究所也不多，有機會在國內念研究所的學生不過是百分之十左右。正因如此，在那個年代，普遍都認為專科生畢業後直接踏入社會就職是理所當然的事。

洪滋遠說：「其實念五專時，我讀的是化工科，但當時我已經發現自己真正喜歡的是行政管理方面的領域，再加上有感於行政管理方面的領域對學歷有絕對性的要求，因此就選擇到美國肯薩州大學，好好學習。」在這些言談中不難發現，形容自己出國是且戰且走的洪滋遠，其實不但是忠於自己的興趣，而且對自己未來職場也有所觀察，並非全無規畫。

當年五專生出國的人數非常少，不過洪滋遠在念五專時，班上有一位女同學才讀到三年級就出國去了，現在回想起來，或許這件事情對他隱約有一點啟發作用，讓他選擇在當完兩年兵之後出國繼續求學的生涯。

由於當初的出國決定，使得洪滋遠現在可以從事自己真正喜愛的工作：行政管理。他開玩笑說，如果當初五專畢業之後沒有選擇出國繼續就讀大學，那麼可能現在會失業在家。他笑著解釋：「前一段時間經濟不景氣，工作非常不好找，最近有一點回升，不過失業人口仍不少，現在台灣的失業人口可以簡單分為兩種人：一種是本來就沒工作的失業者，而其中又有一部分是因為家裡還有一點積蓄，暫時不用急著找工作的人；另一種則是中年失業，這類人就很難再進入職場。坦白說，如果當初沒有出國念書，我真不太肯定自己如今會怎麼樣，不過我想自己應該是第一類那種失業在家的人。因為不喜歡化工科，所以不想進這一行，但又沒有受過一些新的訓練，因此也找不到什麼理想工作，反正只要口袋還有一點錢，就不肯扯下臉去工作。」說到這裡他露出了靦腆的笑容。

對於所謂的生涯規畫，洪滋遠自有一番另類看法。他說，或許在一生中每個人都做了很多的抉擇，但有些時候，太過刻意要勉強自己朝著特定方向去走，或是堅持一定要怎麼做，可能反而會什麼都做不好，正所謂的人算不如天算，到時候往往會因為有太多因素出現而全部打亂了。他舉例，阿姆斯壯是第一個登陸月球的太空人，於晚年時卻篤信耶穌基督，誰會想到即使走在科技最尖端的精英，在遇到太多無解的人生際遇後，也還是得尋求宗教來撫慰自己的心靈？可見萬事萬物在冥冥之中還是有一些超乎人力的變化。因此與其太刻意去忙著規畫卻不一定能完美，不如好好做好每一件事，只要做事態度能夠腳踏實地，那麼不論做什麼都會有所成果。正是這種人生哲學，讓洪滋遠有了不一樣的發展。

出國要注意財務規畫與成績換算

對於到美國就讀肯薩州大學的洪滋遠而言，他認為申請美國學校特別要注意財務上的問題，也就是留學經費夠不夠；必須考慮的因素包括學校的學費水準，當地的生活費高低，自己家庭的經濟情況是否許可，以及手頭上有多少經費可以使用。因此一定要選一所可以讓自己讀到畢業的學校，千萬別一味想要選擇特定地點或是明星學校，以免到頭來財務上無以為繼，無法念到畢業，所以不要急著先預設自己要在東岸或西岸的什麼學校念書，或是以為到了當地一定就有打工機會，最好還是先衡量自己的財務能力，這才是最務實的方法。

在學費上，美國大學有學期制與學分制兩種，對實際支出會有不同的影響。洪滋遠在美國念大學時，學校採取的是學期制，一個學期的學費是四千美元；留學生也可以選擇在暑假時加修學分，不過卻要支付額外的學費，一年下來共需花費一萬多美元。讀碩士班也和大學一樣是採取學期制；到了博士班則不同，採取的是學分制而非學期制，一學分大概要六到七百美元左右，一學期修十二個學分，再加上暑假修一些零星課程，一年就大約需準備兩萬美元的學費；原則上修越多學分學費就要繳得越多。他提醒想留學的人在衡量經費時，最好了解這些不同的計算方式，因為一定會影響留學的財務規畫。

早期出國的留學生很多都是依賴公費，到了國外後還必須半工半讀過生活，可以說是不折不扣的窮苦留學生；一九九〇年代出國留學變成風潮，人數達到了三萬多人，同時也因為台灣社會越來越富裕，慢慢演變成大多數留學生都是自費出國，而且還不必打工就能過生活。洪滋遠不諱言的說，他就是屬於後者。

洪滋遠出國求學期間不需要靠打工維持生活，學費也完全是自費負擔，然而，他後來還是參加了打工一族，原因很簡單：「剛去的前三年沒有打工，但是在念碩士班的時候，開始跟朋友一起到學校餐廳打工，主要原因不是為了賺取學費或生活費，只是覺得既然到了美國念書，在印象裏留學生沒有打工好像怪怪的，深怕將來會有所遺憾。」剛開始他只是抱著去逛逛玩玩的心態，可是真正開始工作兩、三個禮拜之後，就覺得十分辛苦，而且餐廳工作有最低的時數要求，就是一週工作兩天，每天必須工作兩餐。他承認：「剛開始打工時很不習慣在學校餐廳的洗碗工作，就好像是去了一個新的陌生地方卻不太能適應，但是一旦撐過去後也就怡然自得了」。這段不在原先留學計畫中的打工生涯，無形中又幫助洪滋遠克服了適應另一種新環境的障礙，也因此洪滋遠在國外走過的這一趟旅途，不僅獲得了學位上的豐碩成果，也充實了留學生涯中的許多生活歷練，成為一段難忘的人生回憶。

除了財務規畫要精確，洪滋遠也特別提醒有意出國留學的學生，申請外國學校時，必須注意國內的成績和國外成績在呈現方式上是不同的，因此有換算的問題。舉例來說，國外成績是以 A、B、C 等級呈現成績的等第。然而，不同於國內的是，在國外，A 代表成績必須達到九十分以上，而國內則是達到八十分的成績就是A。正因如此，在申請國外學校前，最好先將國內成績改換成以A、B、C的等第呈現，不然，到時候如果由美國學校來幫你換算，結果必定大不相同。

學會獨立、成熟冷靜面對新挑戰

真的出國以後，洪滋遠覺得在美國讀書與在台灣讀書比較起來，最大的不同在於學習方式。他舉了一個有趣的例子來說明：在美國，當地學生並沒有什麼同班同學的概念，只有同一科系或是同一學院的觀念；除此之外，與美國同學一起修習同一堂課時，班上同學的筆記是不會借別人的，他們沒有這種風氣，所以不要以為可以像在台灣念書時一樣，功課好的學生會樂於借你筆記，這一切都必須要靠自己。簡單的說，在台灣借筆記的風氣非常盛行，課業上可以有所依賴，反正在學校就是要靠朋友和同學的幫助；但在美國卻必須學會凡事獨立靠自己，即使是考試的範圍，在看書時也必須自己判斷看的範圍會不會考。

因為這些差異，洪滋遠在美國求學期間，原有的一些概念逐漸產生改變，求學生活也使他變得更加獨立，以後到了任何陌生地方或遇到什麼陌生環境，他都不會覺得有什麼特別的恐慌。洪滋遠指出：通常新到一個陌生環境，大都會需要有三個月左右的適應期，而剛開始的不適應是正常的，可是現階段台灣訓練出來的學生，卻有一大部分面對這種情形覺得很沒有安全感或不適應，就又另找新環境、新工作，周而復始永遠找不到落腳處，無法執著於努力一個專一的目標。從這一點也可以看出台灣的訓練環境，讓學生比較不能獨立，而且也不擅於適應新環境與新挑戰。

說到這裡，洪滋遠笑稱或許他說的是「五年級」的情況，因為他感覺到現今台灣的學生慢慢也變得比較獨立了，這也許跟台灣現今的整體大環境改變有關，很多家庭父母每天都要忙於工作，而身處於工商資訊如此發達的數位時代裡，許多孩子從小就必須學會獨立照顧自己，不過這個改變並不是教育改善的功勞，因此沒有所謂的好壞，只是環境使然。

在美國期間的生活磨練，讓洪滋遠還不到二十歲就學會了獨立，他出國讀書、買車、租房子，一切都要自己想辦法，這些生活經驗幫助他在回到台灣工作後，能很快進入狀況，在很短時間內即步上軌道。

整個訪談過程中，洪滋遠不斷透露國外求學的經歷帶給他最大幫助就是學會獨立，而且對於事件的處理方式也變得更加成熟，即使對突如其來的危機也可以冷靜面對。洪滋遠這時當然不會知道，留學時的這許多訓練，將在他學成回國後不久派上用場，因為一場突如其來的重大人生意外正在等著他。

洪滋遠來自一個有點不平凡的家庭。他的父親在一九六九年當選為國大代表，扮演家中的大樹，庇蔭著全家人，當時家庭經濟情況大致上沒什麼後顧之憂，因此洪滋遠從小就處在相當安穩的生長環境，不必多操心。但出國留學後，一下子什麼都不一樣了，他不自覺握著雙手回憶說：「在美國生活的那段日子裡，從各種生活小事到買車子、租房子等大事，都要靠自己去張羅。儘管如此，一九九九年拿到博士學位後回到台灣，在我的想法裡，原本還是以為一回國就有事情安排好了可做，不用自己去煩惱要找什麼工作，但父親卻在千禧年那一年忽然生病倒下，繼而逝世。」說到這裡，洪滋遠說話的節拍停頓了下來，臉上的神情反映出他的心中依然感到哀痛。

因為變化來得太突然，一下子全打亂了洪滋遠的生活節奏，還好美國的生活經驗與訓練這時幫上了忙，才讓他能夠走過這一段沉痛的打擊，逐步讓許多家庭與工作上的事情回到正常的軌道上。他說：「如果不是有了先前的留學經歷以及危機訓練，一定會在傷痛之餘更顯得手忙腳亂。經歷了先前獨自出國留學的各種危機模式後，在處理更大的危機時就能夠更從容了。」

講求順利畢業的留學策略

從美國肯薩州大學畢業後，洪滋遠申請密蘇里大學的「人力資源管理研究所」，在申請過程中，完全不需要像在台灣念研究所時，必須先經過一次競爭激烈的筆試，而是通過申請標準和面試，就能入學就讀。

洪滋遠說，其實他在出國念書的那幾年，並不完全算是真正努力苦讀的那種好學生，而是屬於會運用點小策略的那一型，第一目標是先求順利畢業。正因如此，他的在學成績並不算十分優異，但卻相當順利取得學位。他笑說，在美國的大學裡，留學生通常可以分成兩種典型：一種是在經濟方面可以支付高昂學費，能提供母校維持學校所需的經費，說穿了也就是有錢人的子弟；另一種則是功課很好，靠獎學金入學。洪滋遠說，比較起來，他不是那種很優秀的學生，不過也不是那種真正有錢人家的子弟，因此只好注重畢業的策略，沒一味追求昂貴的明星學校，因此選擇就讀公立學校求取順利畢業。從密蘇里大學獲得人力資源碩士之後，他申請到美國前總統柯林頓教過兩年書的阿肯色大學的博士班就讀。

洪滋遠在阿肯色大學博士班念的是「成人教育與工業教育」，在求學的那幾年間，由於已經習慣在美國的生活，他覺得學業上的壓力並不大，反而是心理上的時間壓力很大，每天都像在跟時間賽跑似的，但實際上獲得的學業成就感卻反而降低許多，這大概是已習慣美國環境所致。

或許是已經掌握了在美國念書的訣竅，洪滋遠根據個人的親身經驗指出，比較起來，美國教育與台灣教育的一大不同處在於，美國式教育在大學階段最為艱難，在碩、博士班時反而比較輕鬆，但台灣卻剛好相反。

洪滋遠提到，為了順利畢業，在策略上，不管念博士或碩士，跟老師的互動及溝通都非常重要。因為指導老師是決定你能不能順利完成論文與獲得學位的重要關鍵，如果指導老師的主觀意識過強，或者彼此的溝通不良，甚至是雙方已經存有嫌隙、意見不合，那麼指導老師就可能反而成為你獲得學位的絆腳石，所以慎選一個合適的指導老師當然非常重要。他說，尤其是外國，還要特別小心指導老師是否有種族歧視，因此最好先從各種管道廣泛打聽學校的狀況和老師的情形，不要選到一個有種族歧視又挑剔的指導老師，因為指導老師不能輕易更換，因此等到發現不對才來後悔就來不及了。

除了指導老師，選擇論文題目也是很重要的課題。除了想念研究所的學生必須注意外，洪滋遠特別提醒目前已經在念研究所的研究生：**在選擇論文方向以前，必須要選擇自己最感興趣且有很多資料可供查詢或探討的題目**。大概是受限於中國人「寧為雞首，勿為牛後」的習性，台灣有一些研究生常常喜歡找一些較沒人研究的題目，以為這樣才與眾不同，讓自己感到較有卓越感，卻不知道這種想法在學業上可說是幫自己找麻煩，因為通常在論文題目決定之後，最重要的就是文獻探討工作。

如果沒有注意到這一點，撰寫論文時，就會發現能找到的文獻探討資料很少，因而在文獻回顧的部分會顯得非常空洞，使論文的理論基礎不太有著力點，想要完成論文可能就遙遙無期。尤其碩士階段，第一次寫論文，對學問的執行相對陌生，還是平順第一，等到取得碩士學位了，再繼續追求精進也不遲，因此實在不必好高鶩遠；至於到了博士班階段，則要進一步去思考所寫的論文在學術上有什麼貢獻與創新。

洪滋遠指出，**寫論文必須有個方向，清楚自己要的是什麼、寫什麼，再擬出一個題目；有了題目之後，要小心注意的就是題目的合理性，因為就算是想出再響亮的論文題目，也要盡量將題目的焦點集中，題目太廣或太寬都是不合適的；換句話說，就是在訂定題目時要有「集中焦點性」**。舉例來說，如有意探討政治議題，將論文題目定為：「台灣政治研究」，就會顯得太廣泛，沒有一個重心，應該鎖定在某個年代、某個領域，甚至某個事件。比方說，可以探討台灣政治中的立法院，並且鎖定某個任期或是會期時，立法院裡面的朝野協商或者是其他的某一項法案。事實上，許多台灣學生在寫論文時往往都太過貪心，把題目訂得太大，忘記了撰寫論文必須「小題大作」。當然，在選題的過程當中，最重要還是要先做事前的溝通，對於論文的題目與內容，也應該先與指導老師達成共識，才不會自己一廂情願想得很高興，到了指導老師這一關，卻根本沒辦法獲得認可和通過。

把出國留學當成新兵訓練營

身處一個似乎十分強調高學歷的資訊爆炸時代，許多學生常常在不很清楚學歷有什麼功用的情況下，就先決定報考研究所，其中甚至不乏心裡質疑博士或碩士學位到底是否真能在職場派上用場的人。

雖然本身已獲得博士學位，不過洪滋遠卻認為，博士或碩士學歷是不是真正有用，其實因人而異，因為博士與碩士的訓練主要在學術研究方面，而且學歷越高，研究的領域越狹窄，因此如果當事人的興趣與未來志願都是想要從事比較實務性的職業，例如商務工作等，那麼費盡千辛萬苦去爭取一個碩士甚至博士學位，或許沒什麼直接而明顯的幫助。當然，起薪可能比較高，不過花這麼多年時間與龐大的學費只換來起薪高一點，似乎不太值得。實際上，職場上的學歷高低與金錢報酬多寡，常常都不是成正比，就他自己而言，雖然擁有外國博士學位，但最棒的報酬主要往往來自於學術工作的成就感，而不是金錢上的收穫。他建議學子最好還是先想清楚自己為什麼要念研究所，再去付諸實踐，以免浪費自己的時間精力與社會的教育資源。

至於在國內、外念研究所的差異，說起來各有優缺點。洪滋遠觀察指出，他到了職場之後發現，一些在國內念研究所的同事，比起從國外留學回來的同事，明顯有些不同：就學術方面而言，國內對於學術的基礎訓練較為紮實，但在觀念上卻出現不易轉變的限制；而在國外，雖然有些教授對研究生在學術研究上的要求可能沒有台灣那麼紮實，但對於某些事情在觀念溝通上比較容易有轉變，也就是說比較容易接受不同的看法與事物，所以在工作上也可擦出不同的火花，有時還會有意想不到的驚喜出現。

洪滋遠鼓勵決定出國留學的後進，要把出國學習期間當成是軍中的新兵訓練營，不斷自我訓練，不斷接觸新的體驗，並且期許自己在學成後成為全方位的社會中堅分子，在職場位居下位時要當一個好部屬，有機會身處上位時則要成為一位有執行力的卓越領導者！

第六章

前進大陸的高學歷策略

董事長留學上海爭取發展

吳孝明博士的世界

吳孝明博士

最高學歷　上海復旦大學國際關係專業博士

現　　職　奧美北京行銷總經理

主要經歷　決策公關公司董事長、總經理

美商偉達公司公關經理

國會助理

吳孝明認為能力重於學歷，而學歷則必須化為能力。

籍貫彰化的吳孝明，看起來比實際年齡年輕許多，加上平常打扮輕便，經常搭配休閒牛仔褲，因此乍看之下實在不像是「五年級生」，更不像是擁有博士學位而且創業有成的中小企業董事長，目前更成為奧美北京行銷總經理。不過很多朋友都知道，當吳孝明在正式場合穿上西裝，看起來就非常有成功人士的架式與氣派，尤其當他先前還留著小鬍子的時候，更常常被稱神似孫中山先生，因此一度還被尊稱為「國父」。

求學目標的摸索與轉折

從小在新竹長大的吳孝明，高中聯考順利考進了第一志願建國中學，然後在大學聯考時又一舉考上國立台灣大學。這樣的求學之路看起來似乎一帆風順，不過過程中卻充滿戲劇性。

考上建中的那一年，吳孝明同時也考上了國立台北工專的化工科，因為國三時曾經獲得全國中小學科學展覽化學組第一名，所以一度有個想法要直接去念台北工專，但在家人的反對下只好被迫放棄。

因為如此，在高一升高二選組時，吳孝明很自然選擇了現在被稱為第二類組的自然組，並且很早就以台大化工系為第一志願。

不過到了高二，吳孝明忽然又覺得這不是他真正想要的目標。由於喜歡學習各國語言，一直以來，吳孝明都對英文很感興趣，成績也不錯，高一選組時還曾經想要選第一類組以便報考台大外文系，但在導師的反對下，結果還是選擇了自然組。高二時，他一度想轉到第一類組，但家裡再度表達反對之意，因為希望他不但要繼續留在第二類組，而且最好還能加念生物去念醫科。

到了高三，吳孝明經過謹慎思考後，堅持轉組，因為他深知自己其實不適合當醫生。「連看到血都會害怕的人怎麼去當醫生？」說著，吳孝明自己笑了起來。

恰好高三轉組後換了新導師，經過與導師討論，吳孝明發現自己不但喜歡念外文，而且對於當外交官非常有興趣，導師給他的建議則是如果想要當外交官，應該是去念法政科系而非文學科系，因此，他聽從導師的建議，轉組並且改以政治系為第一志願。

聯考放榜後，高三才轉組的吳孝明稱心如意，順利進入台大政治系。不過當念完一年級時，吳孝明認為自己其實不適合當外交官，因為發覺自己根本不是當公務員的料，公務員朝九晚五的生活也絕對不是自己所追求的。儘管他對於外交事務仍然很有興趣，但已經確認未來不會跟班上同學一樣參加外交特考了。既然決定不當外交官，對於畢業後的出路，就必須重新思考。除了單純念書外，他還參加了許多社團，大二當上童軍社社長，寒暑假還擔任救國團服務員，社團生活多采多姿。

很多外行人總以為念政治就是要從政，卻不知道不論是否參政，其實政治學是一門研究人與人互動的社會科學。念了四年政治系的吳孝明就認為，當初他的這個選擇是正確的，因為在這個學科領域不但有他所喜歡、感興趣的學問，而且因為「政治就是管理眾人的事」，因此在學校上課的收穫大大有助於他日後處理人與人之間的事務，特別是對於人際的互動與相互感受，比其他人更能有所體會，所以在處理人的事務時駕輕就熟，不管是當年學校社團事務，或是現在負責企業的經營管理，他都能從人的感受出發，讓所有參與者能夠打從心底產生興趣，因此提高對團體的參與感。

大學畢業之後，吳孝明報考了研究所。他說當時其實沒有思考過自己想不想念的問題，因為在他的觀念裡，「只有先去報名考試，等到考上之後才有權利決定想不想念。」對他來說，如果順利考上，不僅可藉此機會複習所學，並且繼續深造，爭取更高的學位。萬一沒有考上，他還是可能在服完兵役之後出國念書，因為繼續深造一直是他的人生規畫。

吳孝明的第一志願是國立政治大學的外交研究所，主要是因為想換環境，所以選擇了政大，至於選擇外交所是因為對於國際公法感到有興趣，所以當時他全力準備政大外交所的考試，順便也報考了台大政研所的國際關係組，雖然他自認為兩所都考得不錯，但結果卻是政大落榜、台大上榜。

考上台大政研所的吳孝明回想這一段經歷時，不無得意的透露，實際上他花在準備研究所的念書時間只有短短一個月而已。至於為什麼可以才念一個月的書就考上台大研究所，吳孝明認為，花很多時間念書不一定就會有成效，關鍵是要懂得怎麼將上課吸收到的知識與學問進行歸納整理，而且要找出適合自己的一套整理方式，這樣就算只讀一遍，也可以真正理解。

吳孝明以自己為例指出，他念書時會先自我整理內容，再進行記憶的工作，然後在腦中思索複習一次，重新理解，並且自我練習Q＆A（自問自答），將所讀所念的知識發展成若干問題，然後嘗試作答，思考如何才能給出最好的答案。他表示，很多學生光會背書，這是沒有意義的，效果也不好；此外，他也對很多人喜愛的考古題提出不同看法，因為考古題也只是一種自我測驗，除非屆時出的考題一模一樣，否則真正的幫助有限，還不如採取自問自答的方式，因為這樣可以訓練思考與理解。

當然，報考研究所除了讀書方法要正確，還有一個不可忽略的工作，就是了解自己要報考的研究所，包括出題的教授可能是誰?這位教授在上課中說過什麼重點?這些都是最基本的工作。當初他在準備政大外交所的考試時，特地向政大同學借到所有外交所的考古題與講義，很認真的全部念過；至於針對台大政治學研究所，則是跑去旁聽與考試科目相關的課程，尤其是可能出題的教授所開設的每個課程，即使已經修過的課，還是再去聽一次。軍事上所謂的「知己知彼，百戰百勝」，在研究所考試上同樣適用。

研究所、打工與創業之路

剛考上研究所的吳孝明還沒註冊報到，就先獲得了「中華民國青年友好訪問團」的邀請，擔任輔導員，因為他是一九八四年的團員兼小隊長。青訪團是由教育部委託救國團籌組的一個負有外交任務的大專學生表演團體，主要是藉由歌舞表演來敦睦中美之間的友誼，這個工作的性質也十分符合吳孝明對外交工作的興趣。

長期以來，台大政研所的研究生在兼差上都是以政界的工作為主，尤其距離台大法學院只有五分鐘路程的立法院，更是當時台大政研所研究生的打工重鎮，甚至很多同班同學經常相遇的地點都是在這裡而不是學校教室。到研究所三年級時，吳孝明因緣際會進入了立法院，擔任立法委員康寧祥的國會助理，開始了四年多的國會助理生涯，成為最早期的國會助理，其後也隨康委員進入首都早報。由於表現優異，美商偉達公關公司跑來挖角，吳孝明才轉換軌道，成為外商公司的公關經理。

雖然年紀輕輕就擔任外商公司的主管，對公關工作也相當喜愛，可以說是職場順遂，但吳孝明卻一直都有創業的念頭，總想要自己開一家公司。儘管親友並不支持，企圖心旺盛又年輕敢衝的他，最後還是在好玩又想嘗試看看的心態之下，離開了服務兩年的公關經理工作，以僅有的二十萬元資金，正式創立了「決策公關顧問股份有限公司」，從頭做起。公司成立之後，還有許多同業不斷試圖來對吳孝明進行挖角，也開出非常優渥的報酬條件，希望他能結束自己的公司，加入大企業的運作，但吳孝明不為所動，堅持開創屬於自己的事業。

前進大陸攻讀博士的緣由

儘管已經順利創業，但繼續深造一直是求知若渴的吳孝明心中的夢想。由於自己已經創立了一家公司，如果赴歐美念書，公司就必須暫時關閉，因此，他放棄了出國留學的想法；至於國內的博士班，雖然也曾考慮，但因為忙於事業，一直未能付諸實踐，所以，繼續求學的念頭只能停留在計畫的階段。

一九九六年，吳孝明帶領國會助理團到大陸上海與南京進行交流訪問。抵達南京後，在一次與南京大學台灣研究所當時的所長茅家琦教授的會面中，聊到了自己還想要繼續深造這件事，茅家琦所長建議他可以考慮到大陸攻讀博士，因為大陸對於來自港、澳、台灣的學生會給予彈性較大的上課時間與空間，正適合有意繼續進修的工商界成功人士。這個突如其來卻又時機恰巧的建議相當具有可行性，立刻就在吳孝明心中開始發酵。訪問團轉往上海之後，他忍不住與當地政府對台辦公室的朋友又深入聊了一下，更加認為這是可行之道，可以依照他個人的實際需求兼顧兩地，因此下定決心報考大陸的博士班。就在當年的十二月，吳孝明完成報考手續。

按照規定，大陸高校（即是大學）對於台灣的研究生招生作業固定在每年的十二月一日至三十一日開放報名，隔年四月舉行筆試，五月間進行口試，九月入學。

大陸高校的研究所是採取各校獨立招生命題，但是共同考試，因此只能選擇一所高校的博士班〈博士點〉報考。在選擇考量上，吳孝明首先考量因素是希望就讀的城市，因為他本身經商，因此特別從商業角度加以考量，決定選擇上海這個商業大城市，希望可以同時擴展在當地的人脈，順便了解大陸正在蓬勃成長與快速發展的公關市場；除此之外，也由於他個人對上海這個城市非常熟悉，覺得上海是大陸各個省市當中最像台北的一個都會城市。

看中上海市之後，再來就是選擇學校。位於上海市的名校不少，其中，上海復旦大學的國際關係「專業」（即系所）在全大陸排名第一，因為這個重要因素，一直對國際關係深有興趣的吳孝明當然優先報考這個博士班。

當時，大陸的國際關係專業博士班入學考試要考四科，其中有兩個專業科目，一個是國際關係，一個是政治經濟學，另外還有一般外語與專業外語（現在則已併為外語一科）。其中的三個科目，都是吳孝明過去所擅長的專業領域，只有對於大陸的政治經濟學感到陌生，因為大陸的政治經濟學主要是探討馬克思學說，因此，他特別商請兩岸的幾位朋友透過多管道蒐集資料，進行惡補。在研究所入學考的考試內容上，大陸研究所與台灣其實差異不大，就國際關係這個領域而言，兩岸所研究的國際關係理論與國際局勢分析大致相同，差異只是兩岸彼此強調的理論學說與角度用詞有所不同而已。

雖然離開校園、縱橫商場多年，但是因為擁有台大政治系、所正科班出身的良好學科訓練基礎，再加上延續過去「知己知彼，百戰百勝」的準備策略，吳孝明這一回再度輕騎過關，順利上榜，成為台灣最早一批前往大陸攻讀學位的博士研究生，也是台灣第一位上海復旦大學國際關係博士，堪稱前往大陸留學者的「開路先鋒」。

大陸博士班的準備與答題訣竅

為了攻讀博士學位而往返兩岸多年，如今已經從上海復旦大學獲得國際關係博士學位的吳孝明觀察指出，台灣民眾如果有心報考大陸的研究所，一定要懂得針對寄送的書面資料進行妥善的自我包裝，而且在應考時更千萬要記得一個重點，就是試卷上絕對不要空白！

關於書面資料，大陸的研究所在報名表中有兩個表格，分別是用來撰寫自傳與研究計畫，另外還需要兩封副教授級以上的推薦函，與台灣許多學校不同的是大陸學校的推薦函也有制式表格，推薦教授只要依選項問題去勾選即可，最後一段是額外的評語，推薦者寫不寫都沒有關係。吳孝明認為，應該要找一位真正了解自己的老師，這樣寫出來的評語才具參考價值。

大陸研究所在入學時要求的這三種評鑑方式，說穿了主要都是進行自我包裝的工作。首先，吳孝明建議撰寫自傳時要強調自己為什麼要來這裡研讀，入學以後又能怎麼讀，至於個人的基本概況則稍加著墨，只要重點介紹一下相關的學經歷，以及其他與這個研究所相關的資料與研究工作即可。**「不論是碩士生還是博士生，研究生都應該要具備獨立研究的能力。」**吳孝明強調研究生應該要有自己的看法，才能在課堂上與老師互動討論，當然這指的不是對老師挑戰，而是要有個人見解，所以在自傳或相關材料上要盡量呈現這個部分。其次，研究計畫的目的是寫出自己入學以後想要怎麼做研究，包括未來的研究方向、研究方法等等，將所學過、所讀過、所知道的知識盡量呈現出來，證明自己具備這樣的能力去當一個研究生，去從事博士層級的學術研究工作。第三是推薦函，應該要找與自己有良好互動、對自己了解的教授，而且要與報考專業領域有關的教授，最好還是在學術研究上很有成果的教授。

至於試卷不可空白，更是大有道理。「這是因為兩岸分隔了幾十年，除了教育制度不同，學校裡傳授的知識也不太一樣，大陸學界當然知道這點，他們知道雙方在課堂的教學上著重之處有所不同，所以會認為台灣學生所寫出來的答案不見得是他們心中的標準答案，因此對於台灣學生的作答內容，多少會有某種程度的容忍空間，所以應試時只要將自己對於問題有多少理解，結合學到的知識好好寫出來就行了，讓考官知道你有什麼想法，又有多少料；換個角度看，考生還可以利用觀點角度的不同，來彌補自己的不足。」吳孝明以過來人的身分表示，對於專業科目的申論題，理想作答方式應該是由考生呈現出自己懂什麼，而非嘗試直接回答，考生也可以有自己的主觀看法。

吳孝明認為，博士班入學考試的目的，是為了要了解考生有沒有分析歸納，以及日後做研究的能力，因此試卷的答題重點在於如何將所學的相關學術知識，有條理的呈現在試卷上。當然，並不是東拉西扯的填滿試卷就好，而是要經過消化，選擇適合問題的部分，再包裝成答案，而這個答案最好是具有個人角度的答案，這樣可以讓考官了解你自有看法與見解。

至於外語考試也很重要，吳孝明提醒有意前往大陸留學的學生，不要以為去的是同樣說中文的大陸就對外文掉以輕心，事實剛好相反，去大陸念書還是要特別注意外文能力，這是因為在專業科目部分，大陸考生不論在質與量上都不比台灣差，而且這些人的外文能力都很強。他分析指出，比較兩岸校園，台灣學生可分為上、中、下三等，但在大陸則基本上沒有下等的學生，這是因為在大陸的聯招制度下，教育資源非常有限，學生能念到高校，就表示他已經跨越了一定程度的嚴格篩選，因此外文能力多在中、上。相較之下，台灣學生的素質雖然不會比較差，但因為大陸有機會報考研究所的都是各省精英，因此在爭取高等教育的這一群中，台灣學生的相對競爭力就會比較差，主要還是因為在台灣沒有太大的壓力，因此欠缺奮發向上的動力，而在大陸，前往歐美留學是優秀學生的第一目標，在競爭者眾但名額有限的情況下，當然要全力以赴。不過台灣學生仍然具有一些優勢，就是發音比較準確，而且方言問題比起大陸少，大陸因方言口音的影響，發音不是那麼標準，可惜那麼多年來，台灣並沒有好好發揮這樣的優勢。

吳孝明認為，到大陸念書，更加了解大陸國際關係學術界所重視的思維邏輯，也更了解他們強調什麼、重視什麼，相對得更提升自己的專業。大陸的博士班學制，其實與台灣大同小異，唯有畢業流程不太相同，值得台灣前往的學生多加注意。他指出，大陸研究所畢業流程與台灣最大的差異在於「預答辯」，這是台灣很多學校都沒有的制度。在大陸要想拿博士學位，在論文寫完之後必須先參加預答辯，經過預答辯之後，還要將論文送給校外教授進行審查，由十二位教授匿名審查，通過這兩個程序才可以進行正式答辯。除此之外，研究生還必須在一些獲得指定的核心學術刊物上，投稿並登出兩篇以上的學術論文，這樣才可以拿到畢業證書。

經歷過台灣與大陸兩地的不同學習環境，又陸續接觸了許多台灣學生與大陸學生，吳孝明指出，整體而言，台灣學生的用功程度根本無法與大陸相比，在大陸，幾乎每天晚上每一間教室的燈都是明亮的，所以台灣學生應該要意識到競爭對手的崛起，提升自己的能力，才能加強自我的競爭優勢。

博士班課程與指導教授的選擇

在博士班課程的學習上，吳孝明表示必修課程是專業領域部分，課堂的筆記與學習報告當然都會對未來的論文撰寫有幫助。雖然選課最好與論文有關，但他也指出，在研究所最重要的是涉獵更多專業知識，因此有些課程的學習雖然對論文不一定會有幫助，但仍可能對於個人有幫助，所以不能把論文當成選課的唯一方向，而是要擴大學習面向，多修讀一些專業知識。至於課堂上的討論及各種讀書心得報告，最重要的是要能融會貫通。

在指導教授的選擇上，大陸與台灣情況稍有不同。吳孝明說，台灣是先考進去，上課一段時間之後再自行選擇指導教授。當初他的碩士論文指導教授，是選擇台大政研所中留法的國際法權威，而台大校風非常自由，指導教授通常不會干涉研究生太多，因此研究生必須自己提出要求，指導教授才會有回應，如果沒有要求，就等著應該繳交的功課交出來，然後指導教授看過之後表達他的意見。通常學生題目擬定之後，經過指導教授認可，在撰寫論文的進度上主要是研究生自己要掌控的事情。好的研究生要主動與指導教授互動，經常與指導教授討論，報告進度，保持聯繫。

大陸博士班採取的是「博導制」，與台灣最大的不同之處在於，報考博士班的同時，就要選擇報考這個所的哪一位博士生導師（博導），也就是台灣所稱的指導教授，然後由博導選擇收不收你，必須要博導先同意收這位考生，入學考試也及格了，才能正式進入這個所的博士班。所以填報名表時，填寫的是報考上海復旦大學國際關係專業裡面的哪個研究方向以及博導，例如國際關係是哪個老師，中美關係是哪個老師，國際關係理論又是哪個老師等等，然後進行勾選，這位老師也就成為你的博導。

吳孝明說，當初他填寫報名表時，並不了解博導是什麼，也來不及問清楚這套規則，只是純粹想要念國際關係，因此在望文生義的情形下，選擇了由亞太國際關係切入。後來才發現博導是怎麼回事，也才知道自己選到了一位非常資深的退休教授當博導，當然也是獲得他的同意才能入學。入學之後他曾經掙扎著要不要申請換博導，當時認識兩位老師，都是系上的副主任，一位是中美關係實務界權威倪世雄，另一位則是俞正粱，除了主管研究生的教務工作，也是國際關係理論的權威。這兩位教授皆很適合也願意當他的博導，後來吳孝明申請改換選擇負責教務的這一位老師當博導，理由是既然兩位都是權威，而負責研究生教務的這位老師應該對於研究生的學習及畢業需要的流程最清楚，因此對於一位不了解學習環境的外來學生幫助比較大。

吳孝明說，大陸規定博士班學生必須有一個論文指導小組，主要是負責指導學生論文，由三位教授擔任成員，其中一人為博導，另外兩人則是與博導共同討論，所以當初不論他選擇哪一位當博導，其實另外兩位老師也都屬於他的博士論文指導小組成員。

博導不只指導論文，對於博士生的課程也會進行安排。吳孝明入學時，系上規定三門選修，就是由博導根據吳孝明的實際狀況與需求來安排，當時因吳孝明對大陸校園體制不了解，既然老師說要這樣修，他也認為合理且有必要性就接受了。大陸學校分成三種課程：專業、一般、政治，其中專業課程為必修課；一般課程是選修課以及外語課，國關專業規定外語課需要修英文與第二外文；政治課程則是思想教育課程，台灣學生一律免修，所以不必考量。在第二外文上，吳孝明選擇法文，原因是念台大政研所時，也要求修第二外文，當時就是選修法文，因此已經有了基礎，而且在國際公法裡，所有的國際法律文件，正式官方版都是法文。當時他修讀英文與法文都是採用「免修不免考」的方式，也就是不必去上課，但是考試要通過才行，學生申請這種方式還需要寫報告書經層層批可後才能適用。

博導對於吳孝明的實際幫助，除了幫忙安排課程與指導論文，對於發表學術論文也有助益。吳孝明認為作為一個博士班研究生，學術論文不一定能有偉大的創見與貢獻，因此值不值得刊登實在是見仁見智，尤其是對一個外來的學生；這時博導就是影響刊登與否的重要因素，特別是當地重視關係，而台灣學生在當地又沒有人脈，算是陌生的投稿者，博導適時幫忙打聲招呼，對方會先看看論文內容，然後依博導而斟酌是否刊登。他謙虛地自認幾篇學術論文獲得刊登，應該並不完全是自己的實力，而是博導對於論文發表的刊登產生了加分的效果。

大陸學制還有一點與台灣不同，就是大陸的畢業證書與學位證書是分開的，必修課程修完之後可以拿到畢業證書，但是必要課程，例如英文或政治課程，未達標準就沒有學位，而取得博士學位的必要條件是英文與第二外文都要通過，還要依規定有兩篇以上學術論文在指定核心期刊上發表。

往返兩岸終於完成博士論文

剛考進博士班的前兩年半，吳孝明多半時間都在大陸，寒、暑假才回台，萬一公司有了什麼特別情況，他才會趕回來。本來按照大陸學制，一般博、碩士都是三年畢業，這對於有心早點拿到學位的學生而言自然是好事，但是當時他因為擔心論文寫不出來而申請延畢一年，所以後來這一年大部分時間都是留在台灣，慢慢寫論文，再與老師討論，最後半年則因有論文發表的壓力，才又飛回大陸專心修改論文與發表文章。

回顧這段撰寫論文的過程，吳孝明認為論文題目一改再改，讓他在研究所多走了一段冤枉路，後來他的論文題目與當初的「開題報告」並不一樣。

吳孝明解釋，在大陸的研究所，博士生要撰寫一份開題報告，有點類似入學時要寫的研究計畫，包含論文題目、大綱、研究方法等等，至於寫開題報告的時間各個系所的規定不一樣，他的情況本來是二年級上學期，但是在他這一屆開始卻改為一年級下學期，時間變得有點倉卒，與博導的討論也因此少了些。

吳孝明說，他在二年級修完所有課程之後，準備在三年級上學期開始撰寫論文，原先打算寫實務面，當初他的想法就是認為理論與實務應該結合，學位論文應該具有實用性，對實務政治界提出見解，而不僅只是工具書或教科書上的理論探討。但是後來找博導談，博導認為必須考慮到兩岸政治差異，沒有必要去碰觸敏感的政治議題，因此最好回歸學理上的討論，於是論文題目便轉向理論層面的探討，題目選的是經濟全球化，這也是博導所擅長的領域。吳孝明指出，通常學位論文的方向應該要先擬定，然後慢慢進行資料的累積工作，最後一年進行檢視資料的工作，彌補缺漏的資料，在此階段，資料累積只是盡量做到定稿前所能找到最大多數的資料，動筆之後仍應邊找邊寫；在章節規畫上，一開始要先擬大綱預設，再檢視資料，然後回頭做調整修改。值得台灣學生特別注意的是大陸論文有指定格式，必須遵照手冊規定。儘管熟知這些，但是由於論文題目有了大幅轉折，連帶的論文章節也跟著改變，許多吳孝明先前已經找好的資料也不再適用，必須重新累積有用的資料。

在大陸寫學位論文，吳孝明認為有兩個基本要點：第一個要點當然是字數不能少，因為社會科學與理工學科不一樣，字數要達到一定標準，一般的大概情況是，在台灣的碩士論文大約要有十萬字，博士論文則大約二十萬字；大陸的要求寬鬆一點，碩士論文大約五萬字，博士論文大約十萬字。第二個要點是研究方法要精準，要有學理依據、資料的佐證，以便作為輔助立論的根據。所以相關的注釋絕不能少，甚至越多越好，最好多多引經據典，關於這點，其實社會科學大部分都是如此，而且學術與實務的觀點最好都要具備。正式動筆撰寫論文之前，要先構思自己想要寫什麼內容，想要寫到什麼程度，又想呈現什麼樣的答案，在心中先有初步結論，這樣才能有方向架構，然後再慢慢邊寫邊想邊修正研究結果。

走過這段經驗的吳孝明特別強調：「研究生寫論文最容易有理想與現實衝突的問題，原先對論文有很大的期望，後來受限於資料、時間等問題，開始出現落差。」這種忽略理想與現實或者眼高手低的問題，通常是碩士班研究生比較容易發生，博士生因為已經有過碩士論文的歷練，一般會比較務實。他給研究生的建議是學位論文應該要具有創新性，在題目選擇上要花心思，寫論文最基本的是要「小題大作」，從一個小題目去大作文章，絕對不要「大題小作」，寫了一大堆之後再去大幅翻修或刪修，這會是一段多走的冤枉路。他說，在訂定撰寫計畫時不要給自己太多的時間，因為人都有惰性。他建議研究生在面對論文時，可以試著用以後會出版的心態去準備，這樣一方面可以預擬撰寫方向與出書時間，另一方面對自已的要求也會比較嚴格，如此寫出來的論文品質也會比較好。

在學位論文的口試（答辯）上，大陸口試委員的規定人數是碩士論文口試委員五人，博士論文口試委員七人。博士口試委員中的兩人是校內教授，五人必須是校外教授，當中還不包含博導，博導可以列席口試，但是不適合說話，要由學生自行答辯，這一點也與台灣不同。當時博導特地交代吳孝明在答辯時要謹慎回答，只需針對論文的問題作回應，原因是他是台灣學生的身分，兩岸之間具有一些敏感的政治問題存在，所以在答辯時，不相關的議題盡量別去碰觸，以免節外生枝。

能力重於學歷，學歷要化為能力

儘管自己擁有博士學歷，吳孝明卻強調其實學歷高低對於找工作並沒有直接的影響性。他認為在社會中工作，實務重於學術，以他自身工作經驗而言，懂得多少政治理論並沒有實際助益，靠的是人脈多寡與實務經驗的有無。身為企業主的他表示，以公關行業的特殊性而言，在應徵員工時，主要還是看重能力而非學歷；他特別看重語文能力，並且認為目前英文仍為主流，不論是哪個專業領域的學生、不論未來是否出國工作，英文都應該是最基本的必要配備能力；此外，也會考量人格特質與相關工作經驗。

吳孝明認為，公關工作需要某些獨特的人格特質，他建議可以在學生時代透過參加社團進行培養與訓練，而且最好是當過社長，實際處理社務一年或一段時間，可藉此獲得企畫流程與公文書信往來的基本概念，並可經由學校社務的實際運作，探索人際關係的處理，學習怎麼讓手腕更加圓融，在這樣的過程中才可以體現出公關人員所需要的人格特質。

從一個老闆的角度來看，吳孝明認為學歷高低並不是求職者的最大問題。雖然學歷對於進入職場不一定有顯著幫助，但學歷仍有用途。吳孝明笑著說：「即使學歷無法用來吃飯，學位還是自已的啊，長遠一點來看，讀書只有好處，沒有壞處嘛，這點絕對是肯定的。」是不是每個人都要追求高等學歷，他認為因人而異，必須自已判斷，主要的考量關鍵只在兩點，其一是有無用心，是否浪費資源。要善盡資源，用心學習；其二是拿到學位之後自已要如何應用。只要用心，在這個領域一定可以有所收穫，關鍵在於好好發揮所學，學以致用，讓學歷化為能力。退一步說，就算學位無法成為吃飯工具，但是學位還是自己的，對自己終究會有幫助。他以自己為例指出，職場順利，現在又已經身為公司的董事長，而且受訪時即將遠赴北京就任奧美行銷總經理，但是仍然積極尋求深造的機會，或許會有人覺得他根本不必這樣辛苦，多此一舉去拚一個「用不上」的學位，但他表示如果一切重來，他的選擇仍不會改變，只是單純因為還想多念一點書。

企圖心旺盛、積極進取的吳孝明還透露，未來如果有機會，他還想取得法律博士並研習管理相關課程。他特別強調，跨足到其他領域學習，是一種額外學習而不是新舊取代，因為每個階段的學習歷程對他而言，都是寶貴的經驗，他也建議莘莘學子如果有時間、有體力，就應該多多把握學習的機會，重點在於學習與成長，而不只是在乎有沒有文憑。

結語 兩萬博士生、十萬碩士生、近百萬大學生

本書十三位「五年級」博士的精采求學案例，共同驗證了一個真理：在高學歷時代報考研究所，絕對只是成功的必要條件，而不是充分條件。目前不但大學院校的數量暴增，連研究所的數量也已經逼近兩千所，可見考研究所不難，難的是怎麼掌握正確的攻讀碩、博士策略。

截稿之日，台灣共有博士班研究生兩萬人，碩士班研究生十萬人，大學生七十七萬人，幾乎是百萬之眾！對於碩、博士生的數目這麼龐大，很多人乍聽之下都不相信。不管相不相信，這些都是事實。

回顧一九九一年，碩士班研究生只有兩萬多人，目前狂增為五倍，真可說是台灣奇蹟又一章。相較之下，大學生的不稀奇可想而知。就算畢業後擠進了研究所窄門，也只不過是成為十萬分之一而已。未來碩士滿街跑的情況不難想見，研究所畢業生的失業率

也可能隨著提高，至於人數將近百萬的大學生在就業上會遇到什麼挑戰，更是不在話下。

已經看完本書的讀者，在這幾位博士的經驗分享與觀念激盪之下，針對自己的情況應該已有了初步的因應策略。有趣的是，這幾位新世代博士對於成功經驗的分享，具有高度的相互呼應效果，舉凡念書態度、應考技巧、進修方向、人生規畫，都可說是大同小異，存有神奇的相似巧合，可見在高學歷時代想要獲得成功，自有一套訣竅；至於見解不同之處，其實反映了每個人價值觀與當時處境的不同，他們的思考邏輯同樣值得參考。

這本書能順利完成，要歸功於百忙之中仍全力配合的每一位受訪博士，他們的名字已經在書中出現，茲不贅述。函真、佳嫻與瓊云三位助理，分擔了許多資料整理的工作，幫助不小。最後要謝謝生智出版社與淑娟主編惠允出版。書中如有任何錯誤，罪在作者一人。

當然，最感激的是讀者的實際支持。相信看完這本書的各位讀者，都已經有了值回書價的豐富收穫。誠摯祝福大家。

WISE系列

誰叫你讀博碩士

作　　者：賴祥蔚
出 版 者：生智文化事業有限公司
發 行 人：宋宏智
企劃主編：鄭淑娟
媒體企劃：汪君瑜
文字編輯：陳淑儀
版面構成：華穩排版公司
封面設計：許丁文
印　　務：許鈞棋
專案行銷：吳明潤、張曜鐘、林欣穎、吳惠娟、葉書含
登 記 證：局版北市業字第 677 號
地　　址：台北市新生南路三段 88 號 5 樓之 6
電　　話：(02)2366-0309　　(02)2366-0310
網　　址：http://www.ycrc.com.tw
讀者服務信箱：service@ycrc.com.tw
郵撥帳號：19735365　　戶名：葉忠賢
印　　刷：鼎易印刷事業股份有限公司
法律顧問：北辰著作權事務所　蕭雄淋律師
初版二刷：2004 年 11 月　　定價：新台幣 249 元
ISBN：957-818-675-4

國家圖書館出版品預行編目資料

誰叫你讀博碩士 / 賴祥蔚著. -- 初版. -- 臺北市：生智, 2004[民 93]面；　公分. -- (WISE 系列)
ISBN 957-818-675-4(平裝)
1. 研究所 2. 考試指南 3. 治學方法
525.9　　93016171

總經銷：揚智文化事業股份有限公司
地址：台北市新生南路三段 88 號 5 樓之 6
電話：(02) 2366-0309 傳真：(02) 2366-0310